中国廉政史鉴

李洪峰题

思想理论卷

5

李洪峰　主编

文化艺术出版社
Culture and Art Publishing House
國家圖書館出版社

第十二章　近代廉政思想

概述

1840 年鸦片战争斩断了中国社会发展的正常进程，中国步入了半殖民地半封建社会，民族矛盾、阶级矛盾空前尖锐起来，政治危机日益加重。面对此后“千年未有之大变局”，清政府软弱无能，越来越不能担负保卫与建设国家的任务，不能正确行使公共权力，以权谋私日见横行，造成中国越来越腐败的政局。

究其危局与病态的主要缘由，一是中华民族落伍于时代，封建专制制度及其选官择吏体制已经陈腐不堪；二是传统的“官本位”思想严重，为官谋私达到极致，价值观、权力观严重扭曲；三是清正官员虽然竭力讲究传统的道德修养，力图“致君尧舜上，再使风俗淳”，但是越来越显得无力回天，于世无补。因此，进步的政治家、思想家以及全体人民群众的廉洁政治诉求越来越强烈，在体制、制度和文化上进行革新，治疗、预防和反对腐败，建设清明政治，选用称职官吏，实现有效的社会管理，解决社会矛盾，实现中华民族的独立、民主、富强、文明，成为各阶级、各阶层先进中国人的不懈追求和奋斗目标。

中国近代反腐倡廉、谋求政治清明的思想与活动，是全民族、全社会追求复兴和进步事业的一部分，因此大致与中国近代政治思想与实践斗争的演进和主题相吻合，分成四个阶段，每一个阶段上的廉政思想理论建设都有其特色。纵观这一历史进程，可以窥见中华民族追求政治进步的历史浪潮。

从鸦片战争前夕到太平天国运动兴起，一些知识分子首先敏锐地察觉到严重的政治危机，而一些开明的地方官员和封疆大吏也感同身受。这些人形成了近代史上的“变法派”。龚自珍、林则徐和魏源是他们的代表。这些人共同的思想在于，他们都认识到清政府面临危局。其突出的表现：最直观的层面，就是吏治腐败，人才、英雄无用武之地；深层次的则是社会风气不正，所谓“人心泰侈、风俗游荡”。如果说前者揭露了官场与官制的弊端，后者则涉及对传统文化缺陷的剖析与批判。

龚自珍是近代最先端的社会批评者。他认为清政府已临衰世，应当立即“更法”。他把希望寄托在打破僵化的官秩来起用士人以振作政治方面，呼吁要养士、用士；而士人则要加强道德修养，增强社会责任感，要植根正义和历史趋势，敢于离群脱俗。龚自珍有三点思想堪称深刻：一是发现了君主专制的弊端，“一人为刚，万夫为柔”，其结果必然是全社会的委靡不振；二是指出了人性本无善恶，善恶为后天养成，从而为教化致善提供了人性论依据；三是学风要转变，要从专注考据转向“经世致用”，开创了近代变革的风气之先。

林则徐是中国近代史上早期的廉政勤政官员最光辉的典型。廉洁家风和家教养育了他良好的从政作风，他的大公无私、勤奋谨慎、亲民爱民一直成为美谈。人们铭记他虎门销烟的壮举，也常常玩味他“苟利国家生死以，岂因祸福避趋之”的诗句。作为清朝封疆大吏，政务庞杂，日理万机，他专门论述廉政的文章几乎没有，只是在处理政务之间、举手投足之中，闪现他执政为民、清廉自矢的形象。这或许是大多数清官的共同之处。

魏源是讲求廉政的地方官员代表。他认为“中饱蠹集团”是腐蚀社会健康肌体的毒瘤，对于社会腐败要实行综合治理、标本兼治。魏源的反腐思想核心集中在“德治”、“教化”和“用人”等传统主题方面。他提出对君对民都要有一种赤子情怀、忧患之心、节俭作风、求是态度；要勇于纳言听谏，防止壅闭成痈；要约束不良嗜好，防止上行下效；要慎重交游，防止污于小人等等。魏源提出“上古之风必不可复”，对于改变和扭转中国由来已久的慕古心理定式和尚古贤政情结意义匪浅，成为当时统治阶级的革新派官员。

太平天国是鸦片战争之后中国境内规模最大的农民运动。同历史上无数次农民起义一样，它是国内社会矛盾激化的产物，并且它把历史上农民阶级的平均主义理想推向了极致。所不同的是，这次农民运动又是东西方文化碰撞的产物，它是通过拜上帝教组织的。拜上帝教是西方基督教和以儒家思想为主的传统文化杂糅形成的粗陋形态的宗教。它打起天父上帝的旗号，号召人们起义，建立“天下为公”、四海之内皆兄弟姐妹的新世界，具有几分神秘。这对身处在传统文化中的老百姓来说，既有贴近的一面，又有疏离的一面。从理论上、文化上讲，太平天国试图超越传统文化，但是没有超越成功，所以，定都天京之后，这一运动一反往日的纪律严明、团结奋斗、浴血奋战而变得争权夺利、追逐享受、腐败堕落，俨然一个复辟没落的封建王朝，以致酿成“天京事变”那样的内讧，高级领导成员相互猜忌和残杀，终至衰亡。但是，就廉政而言，太平天国的领袖们并非一团漆黑。据考证，定都之后，诸王享乐主义抬头，广选美女，为修王府而毁民宅，据国库财富为己有，唯石达开洁身自好，从不参与，非常之难能可贵。最重要的是在“天京事变”后，洪仁玕完成《资政新篇》，这是很好的复兴纲领，在刷新政治方面提出移风易俗、加强法制建设、察失用人乃至简化文风等举措，可惜还没有来得及施行，太平天国就失败了。

太平天国的兴起，促进了地主阶级“中兴派”的崛起。在19世纪后半叶的历史舞台上，以曾国藩、张之洞、左宗棠为代表，扮演着挽狂澜于既倒的自强角色。19世纪六七十年代，以王韬、郑观应、冯桂芬为代表的一些早期维新派人士认识到中国必须学习西方，从经济到文化乃至政治制度都要学习。洋务派在思想上虽没有他们那么开放，但是在倡导学习西方科学技术方面，其实践却深入得多。目睹晚清政府在太平军起义中飘摇欲坠的事实，他们悟出了一条不得不走的路——创办洋务，自强求富，学习西方的科学技术以救朝廷，也就是救国家。在文化观念上，自强中兴派却是相当的传统。他们自身倡导推行是廉政，却没有认识到廉政建设必须在制度和文化上有所革新、有所创造的道理。

曾国藩是中国传统文化塑造出来的官员典范。他秉承“始于修身，终于济世”的人生信条，一生战战兢兢，临深履薄，在修身、教子、持家、交友、用人、处世、理财、治军、为政各个方面，克己勤勉，孜孜不倦。他一生中没有一天不监察自己、教训自己。躬身自省，克己复礼，防微杜渐，循规蹈矩，是曾国藩秉持廉洁最大的特点。鉴于此，梁启超感慨道：“能成大事者，必其自胜之力甚强。”《清史稿》主修赵尔巽称曾国藩标行立世，“以忠诚倡天下”，“中兴以来，一人而已”。

左宗棠大器晚成，成为办洋务、反侵略的一代名臣。左宗棠性情豪爽，做事雷厉风行。作为地方官，他裁撤陋规，查办贪官污吏，革除官场积习，所谓“澄叙官方，以廉为本”。作为军事统帅，他倡端廉，明纪律，杜冒领。他特别重视对于廉吏的劝勉提拔，亲自上折为之请奏。虽然他并不是理论家，但是他有许多非常深刻的政治观点，显现出他思想的卓越。左宗棠还提出了“官无论大小，总要有爱民之心，总要以民事为急，随时随处切实体贴，所欲与聚，所恶勿施，久久官民浃洽如家人父子一般，斯循良之选矣”。这样的官员为政之道，真乃儒家民本社稷思想的绝佳应用。

张之洞是科举取仕的成功者。他早年跻身清流，养成抨击贪腐的个性，有“青牛角”之称。外派地方大员之后，他不仅清节自持，而且以清肃官场为职志。他裁撤公费馈赠，裁减冗官闲员，对时政多所补救。他把官员的廉政勤政提高到攸关世道兴衰的高度，认为扭转世情人心，关键要“共砥官廉”。对于除弊之才，他以诚相待，委以重任，而自己则“平生以不树党援，不殖生产自励，他无所恋”。八国联军侵华，清朝最高统治者如惊弓之鸟，张之洞则慷慨陈辞，为“变通政治”出谋划策。他痛斥社会虚糜，提倡勤俭节约；批驳上下阶序森严，提倡疏导民情，打破常规起用人才，革除官场沉暮之气，而办事尤其要做到简要清通；剖析因俸禄过低而造成官员贪腐的事实，劝说朝廷厚俸养廉；揭露书吏、差役固结奸猾、为非作歹，指出必须严厉整治；全面解析刑狱腐败，提出九项包括学习西方法制经验的措施；对八旗的堕落、屯卫的虚浮、绿营的无用以及或转或裁或撤都一一指陈；就连行文、文风改革也提出了相应建议。即使在弥留之际，张之洞仍敦念“朝廷方宵旰忧勤，预备立宪，但能自强不息，终可转危为安”。但是，他的思想旗帜却是“中学为体，西学为用”。中体西用的思想影响广泛久远，它既是维护晚清政府统治的文化方略，又是当时解决中西文化冲突的一项意见，所谓“世运明晦，人才盛衰，其表在政，其里在学”。正因为如此，张之洞一再申明制度的变革要慎重推进，革新不可偏激。对于西方“三权分立”的制度，张之洞颇有微辞。他认为，人治也就是使用德才兼备的人治理国家，是中国由来已久的传统，属于中国国粹，应当继续发扬光大，唯此才能保障政治清明、盛世迭出。

1894 年至 1895 年的中日甲午战争，使中华民族创痛巨深。除去以慈禧太后为代表的最顽固的政治势力之外，绝大多数政界人士人都认识到，中国制度和文化的确到了不立即变革便没有出路的地步。于是“变法”与“革命”的大旗同时树立起来，这也当然分别被它们的服膺者认为是根治腐败的途径。

变法的倡导者是康有为。早在 19 世纪 70 年代后期，也就是西方资本主义大规模向东方扩张的时候，他就认识到封建专制的不合时宜性和国人甘于淡泊、不思进取的劣根性，呼吁要予以变通。后来，康有为进一步认识到，是中西文化和制度的差异，导致了它们在近代各自不同的命运："中国之教，所谓亲亲而尚仁，故如鲁之秉礼而日弱。泰西之教，所谓尊贤而尚功，故如齐之功利而能强。"这种"政教之异"，必然导致中国的官员伪善和社会腐败。所以，康有为认为，外部危机的根源在于内部腐败。正因为认识比较深刻，康有为才把变法作为建设良好政治和良好社会的途径。从官员作风、官僚制度、政治体制、社会风俗，都在他设定的变革范围内。康有为呼吁激励工艺之学，以促进文化创新，这对于当时的中国具有重要的解放思想作用。但是，也还是因为本身思想根本没有突破旧有传统文化的窠臼，旧有文化、制度强大的惰性和排异力量最终扼杀了新的政治主张，并且使康有为等自己复归旧的文化营垒。康有为在维新变法失败后，成为保皇派的领袖和提倡将孔学立为国教的旗手，固守着挖掘传统文化中的"日新""维新"、三世递进和道德修养、人治教化的资源，以此来号召革新，以达救治社会制度整体腐败这样一种越来越僵化、逐渐成封闭的思路。

梁启超是在康有为的引导下走上投身变法的道路的，在变法失败前二人联称为"康梁"，实际上梁启超在政治上是康有为的追随者。但是，变法失败后两人的思想逐渐分歧，梁启超一度倾向于革命。从资料上看，与康有为相比较，梁启超了解西方思想要深入得多。他倡导政治清明的一系列主张，例如，启用报纸新闻监督，提倡法制建设，指出大众文化的教化功能，很多是借助西方文化的成果。而且，尽管梁启超对曾国藩这样的传统文化典范称颂有加，但是，他的确已经认识到中国传统文化对照于政治文明的瑕疵，并对之进行了比较深入的批判。他指出，中国政治注意防弊由来已久，对民众使用驯服、奴役、欺骗和监督的统治手段，造成了国民恭顺、矫伪、愚昧、狭隘的品格，此种国民性何能形成政治清明？梁启超对中国国民的文化性格和文化性质进行了剖析，指出长于私德修养，欠缺公德公利之心，使得中国人对公务漠不关心，少数人的腐败才得以肆意妄行，政治文明难以进展。所以，对于当时中国的民众，梁启超借成立政闻社之际，发出四项政治呼吁：一曰实行国会制度，建设责任政府；二曰厘订法律，巩固司法权之独立；三曰确立地方自治，正中央地方之权限；四曰慎重外交，保持对等权利。立足批判传统文化，梁启超指出，中国人把科学看低了，把科学看呆了，缺乏求真、求系统、求实证的知识与方法，结果形成笼统、武断、虚伪、因袭、散失的思想病症，何以言公共政治生活健康开展？所以要大力弘扬科学精神，补救中国的传统文化。也就是说，治标不如治本，在文化上进行矫正，才是根除腐败的根本之策。梁启超揭示的这种政治文化变革，在逻辑上必然意味着一场政治革命在所难免。

严复也积极呼吁变法，尤其是主张废除科举制度，因为科举取仕“锢智慧、坏心术、滋游手”。他批评社会风尚“始于作伪，终于无耻”；他指责官僚集团愚昧、自大、保守、贪婪、自私；他把希望寄托于新式学校培养出的新人，因此寄望于新式教育。严复认为，新式教育要开发民智民权，树立新的国民精神；要培养受教育者的天下为公的国民情怀；要加强实业教育，重视专业业务教育，使教育摆脱仅为选官之路；要强化“乐”的教育，陶冶美的道德情操。严复认为学术要为现实社会的发展服务，否则就会使学业无济于世，造成人才浪费、民族衰亡；而只有学习新文化，培养新型劳动者，才能杜绝各种腐败现象。严复思想西化成分较重，在政治上支持民主自由变法，但是秉承渐进主义立场。他认为时下“代议”民主制可以医治政治腐败，前提是议员要有良好的道德修养，切实能够代民言事，因此，不认同激进主义的革命为当务之急。而且，他主张弘扬传统文化中的优秀成分，作为立国精神；要兴起良好的社会风俗，又要建设良好的法律法制，通过美俗良法，建设清明政治。所有这些，都有中西结合的文化意义。

为了救治腐败呼吁变法，变法不成，继而投身革命，这或许是19世纪末20世纪初中国仁人志士与时俱进的思想行为轨迹。国学大师章太炎就有这样的心路历程。他因为参与戊戌维新被通缉而避难台湾岛和日本，1900年剪发辫立志革命。因苏报案蹲监狱，与蔡元培筹建光复会，参加同盟会，主编《民报》为革命摇旗呐喊，矢志于民国筹建，遭袁世凯幽禁，支持护国护法运动，反对老、新军阀，赞助抗日救亡，耿介一生，不屈不挠，时人评之为“革命元勋，国学泰斗”。章太炎个性极为突出，可以说是孤标傲世，在反腐败抗流俗方面，有感而发。他认为高洁之士要敢于抵抗污习恶俗，不怕被孤立，要以这种大独精神深深植根于人民大众和历史进步之中。章太炎是晚清新法家的代表人物，他为商鞅翻案，倡导以法治国，因为“中国之弱于欧美者，其原因不止一端。而其相反之至大者，则曰中国人治，欧美法治”。章太炎较早就具有反满意志，这不仅仅是因为清朝属于少数民族建立的政权，还在于他看到了晚清政府的腐败与虚伪。在《驳康有为论革命书》中，他指陈：“今以满洲五百万人，临制汉族四万万人而有余者，独以腐败之成法愚弄之、锢塞之耳!”“公理之未明，即以革命明之；旧俗之俱在，即以革命去之。革命非天雄、大黄之猛剂，而实补泻兼备之良药矣。”鉴于“方今中国之所短者，不在智谋而在贞信，不在权术而在公廉”的社会现实，他进而提出，革命者要有“天下兴亡，匹夫有责”的使命感和道德境界，加强自身修养，达到知耻、重厚、耿介、必信。这样的道德评价，都是以“无害”于他人为底线的。以阶级的分析方法而论，章太炎反对资本主义发展，否定代议制，不是封建地主阶级的立场，而是来自小资产阶级的思想意识。可以说，章太炎在辛亥革命中，是以小资产阶级的代言人参加革命的。

邹容是资产阶级民主革命的宣传家，1903 年就以“革命军中马前卒”的名义写成《革命军》一书，系统阐述了民主革命观，提出了“中华共和国”二十五政纲，系统地阐发了孙中山“建立民国”的设想，被章太炎誉为“义师先声”。邹容鲜明地指出：“革命者，天演之公例也；革命者，世界之公理也；革命者，争存争亡过渡时代之要义也；革命者，顺乎天而应乎人者也；革命者，去腐败而存良善者也；革命者，由野蛮而进文明者也；革命者，除奴隶而为主人者也。”陈天华的《猛回头》、《警世钟》也是民主革命的宣言书，他还参与了华兴会、同盟会的创建，成为革命先驱。他的思想深刻之处在于，深入到了国民性层次来透视腐败症结，对之进行了淋漓尽致的批驳。他说：“中国的人最可耻的，是不晓得国家与身家有密切的关系，以为国是国，我是我，国家有难，与我何干?”“做官的只晓得贪财爱宝，带兵的只晓得贪生怕死，读书的只晓得想科名，其余一切的事都不管。上中下三等的人，天良丧尽，廉耻全无……大家若不从此另换心肠，痛加改悔，恐怕不要洋人来灭，也要自己灭种了。”作为一位年轻的革命家，陈天华认识到中国腐败衰弱是全社会性的，逻辑结论必然是，不仅要进行制度变革，而且要进行文化变革。

依据地位和作用而论，黄兴生前是仅次于孙中山的资产阶级民主革命领袖。孙中山长期在国外为革命奔走呼号，黄兴在国内则直接投入了武装起义。相对而言，孙中山以理论见长，黄兴在实践中扎扎实实。在与孙中山相处的过程中，黄兴面对不同的意见，尊重、克制，淡泊名利，揖让以礼，恪守“名不必自我成，功不必自我立”，在维护领导集团的团结方面，胸怀宽阔，为人厚重，高风亮节。辛亥革命之后组建民国，黄兴等待孙中山就任总统一事最为典型。甫一建国，黄兴通电民国各级官员：“我中华民国方奠定初基，凡我同胞，均宜将旧染之污涤除净尽，乃能享共和之国，而见人道之尊。……今与诸公约：嗣后倘有假公名以遂私图者共摒弃之。我等仍当力求振作，互相规箴，勿使满清末造之积习再见于近日。”他认为：“非有高尚之学术、卓越之精神、优美之道德，不足竟全功而巩新国。”他告诫各军士：“务望我军人各革其心，各爱其身，各守区域，各尽责任，勿以无安扞而自惊，勿以有勋劳而自足，勿攘夺私利而操同室干戈，勿把持财产而蹙中央之命，勿遗同志之耻，勿动全国之愤。”在任南京留守期间，黄兴敦促各军精诚团结，不树党派，执法从事，整肃纪律，晓谕署内一切设施，概从简约；用人行政，务求实际，以前乾修诸名目，理应一律铲除。黄兴鞠躬尽瘁、勤政廉政，树立了一个民主革命家的光辉形象。

孙中山是中国革命的先行者。他是兴中会、同盟会、国民党的主要创立者，是三民主义的提出者、阐释者，是中华民国的建构者，是民主共和制度的坚定维护者。孙中山走上革命道路之前，也寄希望于清廷中的达官贵人推行领导集团的自我变革以重新焕发中国的活力，甚至还寄望于教育救国。但是，这些探索由于社会腐败至深毫无效应，才使他认识到中国人民的苦难根源于一点，“那就是普遍的又是有系统的贪污”，也就是政治腐败，而救治腐败只有政治的、社会的革命一途。

孙中山有许多光辉的廉政思想，例如，清明的政治和健康的社会要立足于保障民生的治理观，人要立心做大事、不要立心做大官的人生观，以党的主义治国的政治理念，尽瘁国是、不治家产的无私精神，等等，非常丰富。但是，作为力图建设中国新社会的先锋领袖，孙中山防治腐败的思想与根本措施还是在于图谋建立新制度，具体的就是“权能分治”、“五权分立”的政治体制。孙中山先生把国家的政治权力分为“政权”（或者“民权”）和“治权”两部分。他说：“政是众人之事，集合众人之事的大力量，便叫做政权；政权就可以说是民权。治是管理众人之事，集合管理众人之事的大力量，便叫做治权。所以政治之中，包含有两个力量：一个是政权，一个是治权。这两个力量，一个是管理政府的力量，一个是政府自身的力量。”政权，即民权，在孙中山思想中包括国民有选举、罢免官吏之权，有创制、复决法案之权这样四种权力。同样，孙中山把“治权”即“能”，分成五个部分，即立法权、行政权、司法权、监察权和考试权，分别由立法院、行政院、司法院、监察院和考试院五个机关来行使。有了这种政权和治权，就能够“造就万能政府，为人民谋福利”，“便可以破天荒地在地球上造成一个新世界”。

“权能分治”体现着资产阶级的民主精神，它坚持了国民主权原则，这是此前立宪派、改良派所不具备的新思想。它主张政府权力来自国民授予，国民通过宪法，把各种治权分别授予不同的国家机关行使；国民则保留“民权”，通过国民大会的形式来控制和指挥“治权”的行使，由此促使这些行使治权的主体兢兢业业为国民服务，做好国民的公仆。这就从根本上否定了在中国绵延几千年的皇权、官僚思想，为资产阶级革命派指明了政治方向。民权政府的“五权分立”，是从欧美国家的“三权分立”演化而来的，但他认为：“将国外的规制和本国原有的规制，融合起来，较为完善。”“中国古时举行考试和监察制度，也有很好的成绩，像满清的御史，唐朝的谏议大夫，都是很好的监察制度。举行这种制度的大权就是监察权。监察权就是弹劾权。”至于考试制度、选拔人才，他认为更具有中国特色，这种制度“最为公允”，“无论贫民贵族，一经考试合格，即可做官”。因此，孙中山融合中西政治思想文化，创立了中国式的资产阶级革命政治理想和政治体制，并且把建设廉洁政治的举措推向了中国近代的最高峰。

步入近代，中国专制政体肯定是不合时宜的了，自然是腐败的与孕育腐败的政治制度，必须革除。而中国传统政治文化则具有人治型、礼治型、伦理型的基本特征，集威权主义、民本主义、精英主义于一体，对应着中国社会的君主—士大夫—民众这样的社会结构。民众的读书人经过科举取士进入仕途，为君主管理国家。这样的文化与制度适应于农业社会，到了近代则显示出其落后性。晚清政府置身于半殖民地半封建社会，其在政治上是反近代化，尽管在经济上企图近代化。因此，它的作为统治支柱的地主阶级在政治上试图恢复历史上的贤明君臣共治局面，而新的社会力量则力图使中国政治文明与时俱进。这是历史演进中的保守与进取的较量。同时，中国传统文化重教化、重人才、重修养的有益成分，并没有丧失其合理性，因此，在文化与制度的变革中，被发掘、被弘扬、被赏识，成为值得吸收利用的文化元素。这是文化博弈的结果。从专制政体到君主立宪到民主共和，从龚自珍、魏源到曾国藩、张之洞，再到康有为、梁启超，最后到孙中山、黄兴，变革制度的呼声越来越高，行动越来越深入；文化上的变革相应而生，但是，最终都没有要彻底否定中国传统文化。这就是近代廉政诉求反映出来的明显现象——封建制度要革除，传统文化则要扬弃和转型，这就是结论。

第一节　龚自珍

【人物简介】

龚自珍（1792—1841），清末思想家、文学家。一名巩祚，字瑟人，号定盦。浙江仁和（今杭州）人。出身于世代官宦学者家庭。道光进士。曾任内阁中书、宗人府主事、礼部主事。龚自珍宦海生涯坎坷短暂，但是，力主士人匡救时弊，倡导读书人要“通经致用”，开知识界“慷慨论天下事”之风。梁启超后来评价道：“语近世思想自由之向导，必数定盦。”提倡“更法”、“改图”，批评清王朝的腐朽，洋溢爱国热情，对后来思想界有相当影响。1959 年，中华书局上海编辑所出版了王佩诤校订的《龚自珍全集》。1999 年，上海古籍出版社再版了《龚自珍全集》。

养士养廉，惟是为能

【原文】

孟子曰："无恒产而有恒心，惟士为能。"虽然，此士大夫所以自律则然，非君上所以律士大夫之言也。得财则劝于服役，失财则怫然愠，此诚厮仆之所为，不可以概我士大夫。然而卒无以大异乎此者，殆势然也。[1]

【译文】

孟子说："没有固定的产业收入却有一定的道德观念和行为准则，只有士人才能做到这一点。"即使这样，如果士大夫用此来自律则还可以这样说，但不是君上所用来要求士大夫可以这样说的。得到财物就努力去服役，失去财物就愤怒地抱怨，这实在是仆役的行为，不可以概括我士大夫的品行。然而最终没有这么大的区别，大概是势所必然吧。

【评述】

中国古代理想中的"士"是"道德文章"的表率，他们不占有社会固定资产，却能以天下为担当，树立并践行社会公德和社会的普遍理想，所谓"无恒产而有恒心"。但是，龚自珍指出，由于"士"得不到社会稳定的收入和供养，"车马敝而责券至"，他们不得不为生计而奔波，在追求上混同于市井百姓，这无疑降低

---

〔1〕 王佩诤校：《龚自珍全集》第一辑《明良论一》，上海古籍出版社 1999 年 6 月新 1 版（下同），第 29 页。

了自己的身份和形象，损害了社会的榜样作用的发挥，成为社会廉耻尽失、风俗日下的一个重要原因。按照龚自珍的思想，社会应该提供给“士”基本的社会生活保障，“士”才能在维护社会风气中发挥激浊扬清的作用。而无恒产、无恒心，将使士风日下，应该通过“养士”，保障社会清风上扬。龚自珍的这一观点，突出了知识分子一要洁身自好、二要抵制腐败的地位与作用。

士不知耻，国之大耻

【原文】

士皆知有耻，则国家永无耻矣；士不知耻，为国之大耻。[1]

【译文】

读书人都懂得廉耻，国家就永远不会有耻辱了；读书人不懂得廉耻，这就是国家的最大耻辱。

【评述】

“士不知耻，为国之大耻。”龚自珍的名言，强调了知识分子和各级官员的社会责任——他们同官员一起成为维护社会清廉的两支决定性力量。

---

〔1〕《龚自珍全集》第一辑《明良论二》，第31页。

限以资格，政怠宦成

【原文】

城东谚曰："新官忙碌石呆子，旧官快活石师（狮）子。"盖言夫资格未深之人，虽勤苦甚至，岂能冀甄拔？而具形相向坐者数百年，莫如柱外石师（狮）子，论资当最高也。[1]

【译文】

京城东边流行的俗话说："新官忙碌得像石磙子，老官快活得像石狮子。"这是说那些资历浅的人，虽然勤苦至极，哪里有希望得到提拔呢？而只具有形体却不做事情，面对面地坐着几百年都不动的，好像门柱外面的石狮子那样，论资历是最高的了。

【评述】

官员晋升条件的考量，在官员执政总体能力和总体状况上有直接反映。龚自珍批判了当时任用官员重资历轻能力的缺陷，指出由此造成官僚队伍不思进取、暮气沉重，社会政治生活失去活力，而官员谋私趋利、明哲保身，成为社会腐败的一个重要原因。因此，"不拘一格"任用人才，实为革新政治所必需。

---

〔1〕《龚自珍全集》第一辑《明良论三》，第33页。

革新吏治，当思更法

【原文】

律令者，吏胥之所守也；政道者，天子与百官之所图也。守律令而不敢变，吏胥之所以侍立而体卑也；行政道而惟吾意所欲为，天子百官之所以南面而权尊也。为天子者，训迪其百官，使之共治吾天下，但责之以治天下之效，不必问其若之何而以为治，故唐、虞、三代之天下无不治。治天下之书，莫尚于六经。六经所言，皆举其理、明其意，而一切琐屑牵制之术，无一字之存，可数端瞭①也。

……古之时，守令皆得以专戮，不告大官，大官得以自除辟吏，此其流弊，虽不可胜言，然而圣智在上，今日虽略仿古法而行之，未至擅威福也。仿古法以行之，正以救今日束缚之病。矫之而不过，且无病，奈之何不思更法，琐琐焉，屑屑焉，惟此之是行而不虞其陊②也？圣天子赫然有意千载一时之治，删弃文法，捐除科条，裁损吏议，亲总其大纲大纪，以进退一世，而又命大臣以所当为，端群臣以所当从。内外臣工有大罪，则以乾断③诛之，其小故则宥之，而勿苛细以绳其身。将见堂廉之地④，所图者大，所议者远，所望者深，使天下后世，谓此盛世君臣之所有为，乃莫非盛德大业，而必非吏胥之私智所得而仰窥。则万万世屹立不败之谋，实定于此。[1]

---

〔1〕《龚自珍全集》第一辑《明良论四》，第34—36页。

【注释】

①瞭：本义为眼睛明亮。这里指清晰明白。

②陊（duò）：坠落，破败。

③乾断：即“乾纲独断”，皇帝的专断之权。

④堂廉之地：指皇帝和大臣议论政事的地方。堂，明堂，皇帝和大臣议事的宫殿。廉，堂的四侧。

【译文】

法律条令，是下级官吏执行的；治国大计，是皇帝和大臣们所要谋划的。小官小吏拘守法令而不敢变更，这是因为地位低微，只能站着侍候。皇帝和大臣敢按照自己的意志来确定治国大计，这是因为地位尊贵，权力极大。作为一个皇帝，教育和启发他的大臣，使他们跟自己一道治理国家，只要求他们把国家治理好，不必硬性规定他们怎样去治理。因此，唐尧、虞舜和夏商周三代的国家没有治理得不好的。治理国家的书，没有超过六经的。六经里面所讲的，都是阐述大道理、说明重要意义的，凡是琐琐碎碎的牵制人的办法，却没有一字存留，单从这一点就很明白了。

……古时候，郡守县令都有权判处死刑，不必向高级官员报告，高级官员可以自行委任和选拔官吏。这样做虽然有许多流弊，但是上面还有英明的皇上（监控），今天即使仿效古代一些做法来进行改革，官员们也不敢滥用职权作威作福的。仿效古代的方法进行改革，正是用来挽救今天束缚的弊病。既然纠正它不会过分，又没有什么害处，为什么不去考虑变法，却一味执行烦琐无用的条例而不怕它产生严重的后果呢？英明的皇上如果振奋起来，有意做出前所未有的政绩，就应该删掉烦琐的条文法令，抛弃旧的条例，减少议处、察议，亲自掌握为政的总纲和那些重要的政事，以控制、左右整个时世，又命令大臣做他们应该做的事情，端正群臣所应该遵循的方向。内外大臣百官如果犯了大罪，就用皇权处死他们；小有过错就给予宽大处理，不要苛刻地束缚他们的手脚。这样一来，就会看到君臣议论政事的殿堂之内，所谋划的是重大的事情，所讨论的是长远的利益，所追求的是深远的目的，使天下后代的人说这个兴盛时代的君臣的所作所为，没有一件不是高尚的德行、雄伟的事业，而不是小官小吏的个人智力所能仰望得到的。这样看来，千秋万世永远立于不败之地的国家大计，实在是决定于变法这个问题上。

【评述】

龚自珍在这里讲了“法治”与“吏治”的关系及其当时出现的弊端，实际上说明官员的高素质和守良法缺一不可。好的“法治”目的不是束缚官员的手脚，而是提供给他们治国安民的规则。如果仅仅为了法治而守法而治，必然成为官员治理活动的桎梏。当下的一个重要任务就是要“更法”。一方面解放官员的手脚，端正群臣的治理行为的目标和方向，一方面提高官员的道德与才能水准。

官吏朋比，弄权为奸

【原文】

客问龚自珍曰：子之南也，奚所睹？曰：异哉！睹书狱者。狱如何？曰：古之书狱也以狱，今之书狱也不以狱。微独南，邸抄之狱，狱之衅皆同也，始狡不服皆同也，比其服皆同也，东西南北，男女之口吻神态皆同也，狱者之家，户牖床几器物之位皆同也。吾睹一。或释褐而得令，视狱自书狱，则府必驳之，府从则司必驳之，司从则部必驳之。视狱不自书狱，府虽驳，司将从，司虽驳，部将从。吾睹二。视狱自书狱，书狱者之言将不同，曰：臣所学之不同，曰：臣所聪之不同，曰：臣所思虑之不同。学异术，心异脏也。或亢或逊，或简或缛，或成文章，语中律令，或不成文章，语不中律令，曰：臣所业于父兄之弗同。部有所考，以甄核外，上有所察，以甄核下，将在是矣。今十八行省之挂仕籍者，语言文字毕同。吾睹三。曰：是有书之者[①]，其人语科目京官来者[②]曰：京秩官未知外省事宜，宜听我书。则唯唯。语入赀来者[③]曰：汝未知仕宦[④]，宜听我书。又唯唯。语门荫来者[⑤]曰：汝父兄且慑我。又唯唯。尤力持以文学名之官曰：汝之学术文义，懵不中当世用，尤宜听我书。又唯唯。今天下官之种类，尽此数者，既尽驱而师之矣。强之乎？曰：否。既甘之矣。吾睹四。佐杂[⑥]书小狱者，必交于州县，佐杂畏此人矣。州县之书狱者，必交于府，州县畏此人矣。府之书狱者，必交于司道，府畏此人矣。司道之书狱者，必交于督抚，司道畏此人矣。督抚之上客[⑦]，必纳交于部之吏，督抚畏此人矣。吾睹五。其乡之籍同，亦有师，其教同，亦有弟子，其尊师同，其约齐号令同，十八行省皆有之，豺踞而鸮视，蔓引而蝇孳，亦有爱憎恩仇，其相朋相攻，声音状貌同，官去弗与迁也，吏满弗与徙也，各行省又大抵同。吾睹六。狎富久，亦自富也。狎贵久，亦自贵也。农夫织女之出，于是乎共之，宫室车马衣服仆妾备。吾睹七。七者之睹，非优、非剧、非酲、非疟、非鞭、非棰、非符、非约，析四民而五，附九流而十⑧，挟百执事而颠倒下上。哀哉，谁为之而壹至此极哉![1]

【注释】

①书之者：即“书狱者”，办理刑事案件的人。

②科目京官来者：中过科举，担任过京官，再外放当地方官的人。

③入赀（zī）来者：捐纳得官的，即用钱买官的人。

④仕宦：当官，这里指做官的窍门。

⑤门荫来者：靠祖上的功劳而循例做官的人。

⑥佐杂：佐是知县、知府等地方官员的辅助官，如通判、县丞等，其品级略低于主官，但不是纯粹的属员。杂，指不在九品官阶以内的小官。

⑦上客：贵宾，这里指督府级的幕僚。

⑧“析四民而五”二句：这里作者把“书狱者”排除在“四民”、“九流”之外，指出他们不是士、农、工、商而是寄生虫。析，分开。附，附属。

【译文】

有位客人问我龚自珍：“你到南方去，看到了些什么呢？”我说：“奇怪呀！我看到一些办理刑事案件的人。”“是怎样办案的呢？”我说：“古代记录案件是根据实情来写的，现在却不是根据实情来写。不仅南方是这样，京报上登载的也是这样，所有案件双方争执的情况相同，当事人开始时狡赖不认罪的情况相同，后

---

〔1〕《龚自珍全集》第一辑《乙丙之际塾议三》，第2—3页。

来服罪的情况也相同，不论东西南北，不论男女，当事人的口吻、神态都相同。出事现场的门窗、床铺、台凳、用具的位置都相同。这是我看到的第一种情况。一些新当县官的人，如果根据案情亲自拟稿判案，必定受到知府的驳回；知府同意了，省按察司一定又驳回；按察司同意了，京师刑部也一定驳回。如果不是根据案情亲自拟稿判案，那么，即使被知府驳回了，省按察司会同意原判；被省按察司驳回了，京师刑部也会同意原判。这是我看到的第二种情况。根据案情亲自拟稿判案，办案人写的判词就会不相同。为什么呢？有的说，这是由于我所研究的不同；有的说，这是由于我所听来的不同；也有的说，这是由于我所考虑的不同。这又是为什么呢？学不同的内容，考虑问题自然就不一样了。写的判词有的偏重，有的偏轻，有的简单，有的详细，有的条理分明，合乎法令，有的条理凌乱，违反法令。他们说：我从父兄那里学的，本来就不相同啊。京师刑部要有所考察，用来审核外官，上级要有所观察，用来审核下级，根据的材料就在这里了。然而现在十八省当官的，语言和文字却完全相同。这是我看到的第三种情况。所以这样，是因为有了专门办案件的幕僚，这些幕僚对科举出身的到地方任职的京官说：你们京官不懂外省的事情，应该听我的话办案。这些官只好连声答应：是是。幕僚对用钱买官做的人说：你们不懂当官这一套，应该听我的话办案。这些人同样连声回答：是是。幕僚对凭借祖宗功劳当上官的人说：你们的父兄还怕我三分。这些官员连声回答：是是。幕僚尤其极力挟持以文学知名而当官的人，说：你们的学问和文章昧于事理，不合当世所用，尤其要听我的话办案。这些官员也连声答应：是是。现在天下的官吏，就是这几种了，他们都赶着去拜幕僚为师了。

是谁强迫这样做的吗？不。是心甘情愿这样做的。这是我看到的第四种情况。佐杂一级办案的小幕僚，必定勾结州县一级的官员，佐杂一级的官员便害怕他们了。州县一级办案的幕僚，必定勾结知府一级的官员，州县一级的官员便害怕他们了。知府一级办案的幕僚必定勾结司道一级的官员，知府一级的官员便害怕他们了。司道一级办案的幕僚，必定勾结督抚一级的官员，司道一级的官员便害怕他们了。督抚一级办案的幕僚，必定勾结刑部一级的官员，督抚一级的官员便害怕他们了。这是我看到的第五种情况。幕僚们的籍贯相同，也有教师，教育内容相同，也有学生，尊重教师的态度相同，他们的规则和号令也相同。十八行省都有这种幕僚，他们像豺狼那样盘踞各地，像猫头鹰那样虎视眈眈，像毒藤那样到处伸展，像苍蝇那样遍地繁殖。他们有自己的爱、憎、恩、仇，或互相勾结，或互相攻击，语言和态度都一样。地方官离职时，他们并不跟着走，地方官三年任满时，他们也不跟着走，这种情况，各省又大概相同。这是我看到的第六种情况。这些幕僚，巴结富人的时间长了，自己也就富起来；巴结权贵的时间长了，自己也就有了权势。农民种的粮，织女织的布，都被他们分占去了，他们的楼房、车马、衣服、奴仆和小老婆都齐备了。这是我看到的第七种情况。我看到的这七种情况，不是唱歌作戏临时表演，不是醉酒患病神志不清，不是鞭搒棍打不得不做，也不是束于契约身不由己。这些人是从士、农、工、商四种人中间分出来的第五种人，是附在九流后面的第十流，他们挟持操纵各级官吏而颠倒了上下级的关系。可悲呀，是谁造成这样极端腐败的局面呢！”

【评述】

龚自珍自问自答，生动地揭露了清王朝的各级司法部门的黑幕，刻画了所谓查办案件的幕僚们勾结各级官吏朋比为奸，操纵把持刑狱，残暴地压榨和迫害劳动人民的罪恶行径。文章从幕僚这一特殊政治势力的形成和专横跋扈，说明封建政治制度已经极度腐朽，并且隐约地指出造成这种腐败局面的正是清王朝最高统治者。这篇文章表现了龚自珍敏锐的政治目光和勇敢的批判精神，揭露了幕僚专擅司法权力的黑暗与腐朽。

国家养士，士当报国

【原文】

自周而上，一代之治，即一代之学也；一代之学，皆一代王者开之也。……国有养士之赀，士无报国之日。殆夫，殆夫！终必有受其患者，而非士之谓夫？〔1〕

【译文】

周朝以前，一代的政治，就是一代的学术；一代的学术，都是一代的帝王开创的。……国家供养了读书人，读书人却不为国家效劳。危险哪，危险哪！终归会使国家遭受祸害的，不就是这些读书人吗？

〔1〕《龚自珍全集》第一辑《乙丙之际箸议第六》，第4—5页。

【评述】

清代乾隆、嘉庆年间，官僚大地主顽固派竭力推崇程朱理学，并且厉行高压与利诱相结合的文化政策，使许多知识分子走上了“躲起来读经，校刊古书，做些古时的文章，和当时毫无关系的文章”（鲁迅：《三闲集·无声的中国》）这样一条脱离现实政治斗争的道路。龚自珍著文专论学术和政治的统一性，鲜明地提出了“一代之治，即一代之学”的论断和“诵本朝之法，读本朝之书”的厚今薄古的政治主张，强调指出读书人不懂治理国家，不能为国家效劳，国家将十分危险。龚自珍主张学术要为政治服务的思想，他所倡导的“经世致用”的新风气，对后来的资产阶级改良派产生了一定的影响。

一人为刚，万夫为柔

【原文】

龚自珍曰：“史氏之书有之曰：霸天下之孙，中叶之主，其力弱，其志文，其聪明下，其财少，未尝不周求礼义廉耻之士，厚其貌，姁其言，则或求之而应，则或求之而不应，则必视祖之号令以差。史氏之书又有之：昔者霸天下之氏，称祖之庙，其力强，其志武，其聪明上，其财多，未尝不仇天下之士，去人之廉，以快号令，去人之耻，以崇高其身；一人为刚，万夫为柔，以大便其有力强武，而胤孙①乃不可长，乃诽，乃怨，乃责问，其臣乃辱。”〔1〕

〔1〕《龚自珍全集》第一辑《古史钩沉论一》，第20页。

【注释】

①胤（yìn）孙：后代子孙。

【译文】

龚自珍说："史家的书里有的这样说：称霸天下者的后代，中期的君主，其气力柔弱，其志向文弱，其智慧练达程度低，其财货少，未尝不全国上下寻求礼义廉耻的士人，音容笑貌厚重，言辞婉转动听，而有的寻求得到响应，有的寻求则没有响应的，一定以祖宗的训令给予差遣。史氏的书中又有的说：从前称霸天下的人，称赞先祖，气力强，志向大，智商高，财货多，未尝不仇视天下的士人，去士人的廉洁，以使他的号令执行畅快；去士人的耻辱，以使他的声望显示崇高。一人刚强，万民柔弱，为彰显自己的有力强武创造条件，结果其子孙后代却不能长久，被责难，被怨恨，被责问，他的臣子被羞辱。"

【评述】

封建专制统治必然导致腐败。这是制度性腐败。封建君主治理国家极度宣扬礼义廉耻，目的在于维护家天下。封建专制制度把国家兴旺、民族盛衰、社会清浊都寄希望于君主一人，这一个人的明与昏、智与愚，系关全局，这就形成了"一人为刚，万夫为柔"的制度格局。在这样的制度格局中，君主昏庸无能时必然产生腐败，即使圣明君主的清明政治也必不会长久。因此，只有变革专制制度和文化，才能铲除腐败的根源。

知足不辱，知止不殆

【原文】

……且夫史聃①之训曰：“知足不辱，知止不殆。”知所以自位，则不辱矣；知所以不论议，则不殆矣；不辱不殆，则不憔悴悲忧矣。孔子曰：“非天子不议礼，不制度，不考文，吾从周。”从周，宾法也。又曰：“出则事公卿。”事公卿，宾分也。[1]

【注释】

①史聃：即老子。

【译文】

……况且老子的训语说：“知道满足就不会受辱，知道适可而止就不会遭遇险境。”知道如何把握自己的角色地位分寸，就不会被羞辱；知道如何不引发议论非议，就不会处于危险的境地；不被羞辱不处险境，就不会身心憔悴悲戚忧虑。孔子说：“不是天子就不要议订礼仪，不要制定法度，不要考订文字规范，我遵从周朝的典章制度。”遵从周制是做宾客的法则。又说：“出仕就是侍奉公卿。”侍奉公卿是宾客的本分。

【评述】

老子的“贵柔”、“守雌”学说，运用在名利面前，会形成知

〔1〕《龚自珍全集》第一辑《古史钩沉论四》，第27—28页。

足而止的心态和境界。在某种意义上，这对于遏制毫无休止地在名利场中追逐，以致腐化堕落、身败名裂，是一种心理约束机制。

善恶之性，后天养成

【原文】

善非固有，恶非固有，仁义、廉耻、诈贼、很①忌非固有。或诚耻之，万人耻其名矣；或诚争之，万人争其委矣；或诚嗜之，万人嗜其貌矣；或诚守之，万人守其蹊矣。[1]

【注释】

①很：通“狠”。凶暴。

【译文】

善不是本性，恶也不是本性，仁义、廉耻、诈贼、狠忌都不是本性。有人实在以其内容为耻，万人却都以它的形式为耻；有人实在争夺它的源头，万人却随波逐流；有人实在嗜好它的质地，万人却喜欢它的外表；有人实在守持它的大道，万人持守通向它的蹊径。

【评述】

“龚氏之言性也，则宗无善无不善而已矣，善恶皆后起者。”（《龚自珍全集》第一辑《阐告子》）人本性无先天善恶，善恶都

〔1〕《龚自珍全集》第一辑《壬癸之际胎观第七》，第18页。

是后天养成的。善人与恶人不是天生的，唯有重视后天养成和塑造，才能抵御腐败侵蚀和感染，成为道德高尚的人。龚自珍的人性论，为反腐倡廉的可能性提供了道德缘由。

人心泰侈，风俗游荡

【原文】

……今中国生齿日益繁，气象日益隘，黄河日益为患，大官非不忧，主上非不谘，而不外乎开捐例、加赋、加盐价之议。譬如割臂以肥脑，自啖自肉，无受代者。自乾隆末年以来，官吏士民，狼艰狈蹶，不士、不农、不工、不商之人，十将五六；又或飧烟草，习邪教，取诛戮，或冻馁以死；终不肯治一寸之丝、一粒之饭以益人。承乾隆六十载太平之盛，人心惯于泰侈，风俗习于游荡，京师其尤甚者。自京师始，概乎四方，大抵富户变贫户，贫户变饿者，四民之首，奔走下贱，各省大局，岌岌乎皆不可以支月日，奚暇问年岁？[1]

【译文】

当今中国的人口日益繁多，气象日益狭隘，黄河日益为患，大官不是不忧虑，主上不是不咨询，而不外乎开捐例、加赋、加盐价等议论。譬如割臂以肥脑，自己吃自己的肉，没有其他代替的办法。自乾隆末年以来，官吏士民，生活困顿，狼狈不堪，不士、不农、不工、不商的人，十中有五六；又有人吸食烟草，迷

〔1〕《龚自珍全集》第一辑《西域置行省议》，第106页。

信邪教，被诛戮，或冻饿而死；最终也不肯去生产一寸之丝、一粒之饭给人益处。承乾隆六十年太平之盛，人心惯于骄纵奢侈，风俗习于浮躁游移，京师尤为厉害。从京师到地方，大概富户变成贫户，贫户变成饿鬼，作为四民之首的士人，在下贱的职业上奔走忙碌，各省大局岌岌可危，都不可支持月日，哪里还顾得上关切年岁？

【评述】

龚自珍在此揭露了清王朝日益严峻的社会形势和层出不穷的社会问题，人心惯于泰侈，风俗习于游荡，甚为堪忧。统治者头疼医头、脚疼医脚，穷于应付，犹如割臀肥脑，自啖其肉，终至难以卒岁。

学而入政，移风易俗

【原文】

制策有曰：惟民生厚，因物有迁，兴化善俗，制治之本，而因虑及多设科条之徒滋扰累也，与广颁文诰之徒饰观听也。臣考周之三物六行，乡大夫、遂人[①]掌之，而饮射读法，及教民祭祀之礼，及书其过恶，皆州长、党正主之。然则党正即一党之师，州长即一州之师，明矣。上而乡遂之大夫，亦即乡遂之师。岂若后世官吏自为官吏，师儒自为师儒，曰刺史、曰守令以治民，曰博士、曰文学掾以教士区分乎？君与师之统不分，士与民之薮不分，学与治之术不分，此所闻于经者也。西京风俗，最为近古，抑其时去三代虽不远，而治术颇杂霸，文、景外非尽贤主，然而户口蕃息，风气纯庞②，何也？盖善任守令也。守令久乎其任，皆有移风易俗之权，而上亦不以筐箧刀笔之事操切长吏故也。

……制策又以一代之治，必有一代之人材任之，而因以皋、夔、稷、契勖臣等，何其厚也！何其厚也！夫皋夔稷契，皆大圣人之材，而终身治一官，自恐不足；后之人才不如古，而教之，使之又非其道，疲精神耗日力于无用之学。进身之始，言不由衷，及其既进也，使一旦尽弃其所为，而骤责以兵刑、钱谷之事；而兵刑、钱谷又杂而投之一人之身。之人也，少壮之心力，早耗于禄利之筌蹄③，其仕也，馀力及之而已，浮沉取容，求循资序而已。夫未尝学礼乐之身，使之典礼乐而不恧④，以凡典礼乐者，举未尝学礼乐也。未尝学兵之人，使之典兵而不辞，以凡典兵者，皆未尝知兵也。古者学而入政，后世皆学于政，此唐宋元明之人才所以难语夫古初也。皇上圣神如尧舜，亦藉群策群力，士亦许身皋夔稷契而已矣。[1]

【注释】

①遂人：官名。在《周礼》为地官的属官，掌管六遂（郊外地区）土地和人民。

②纯庞：亦作“纯厖”，纯朴敦厚。

③筌（quán）蹄：语出《庄子·外物》：“筌者所以在鱼，得鱼而忘筌；蹄者所以在兔，得兔而忘蹄。”筌，捕鱼的竹器。蹄，捕兔网。后以“筌蹄”比喻达到目的的手段或工具。

④恧（nǜ）：惭愧。

---

〔1〕《龚自珍全集》第一辑《对策》，第114、116页。

【译文】

制策中有记载：只愿百姓养生之物厚实，顺应物性而迁化，兴育好的风俗，制定治理的根本，于是考虑到多设科条徒然滋生扰累，广泛颁发文诰徒然粉饰观听。我考察周代的三物六行，如知、仁、圣、义、中、和六德以及孝、友、睦、姻、任、恤六行，这些由乡大夫、遂人等人掌控，而饮射礼读法，以及教民祭祀的礼仪，以及书写他过去的罪恶，都是州长、党正主掌。然而党正即是一党的老师，州长即是一州的老师，很明白了。上面所说乡遂的大夫，也就是乡遂的老师。哪里像后世的官吏自为官吏，师儒自为师儒，称为刺史、称为守令以治理百姓，称为博士、称为文学副官以教士人那样区别开来呢？君与师的系统不分，士与民的群体不分，学与治的方法不分，这是从经中听来的。西安的风俗，最是接近古时候，也许它的时代离三代虽不远，而治术颇杂霸术，文帝、景帝之外并非全是贤明的君主，然而人口蕃息增长，风气纯朴，为什么呢？大概是善于任命守令罢。守令久于其任，都有移风易俗的权能，而君上也不以文字狱讼之类的杂事苛求他们罢了。

……制定策略又针对一代的政治，必有一代的人才担任，而依靠皋陶、夔、后稷、契这样的能臣来治理国家，人才的资源多么丰厚哇！多么丰厚哇！皋陶、夔、后稷、契，都有大圣人的才能，而终身任一个官职，自己还担心不能胜任；后世的人才不如古人，而教育、使用他们又不得要领，致使精神疲惫，耗费每天的力气于无用的学业。开始进身的时候，言不由衷，等到任职以后，便一下子完全抛弃他所从事的，而骤然负责于兵刑、钱谷的事情；而兵刑、钱谷的事情又杂乱地投到他一个人的身上。他人呢，少壮的心力，早早耗于谋取禄利的手段，出仕后，只是用他的余力为官罢了，浮沉于世，取悦于俗，只求因循资质年序罢了。不曾学礼乐的身份，使他主管礼乐而不惭愧；所有主管礼乐的，全不曾学过礼乐。不曾学过军事的人，使之主管军事而不推辞；所有主管军事的，都不懂得军事。古代的人从学而后入政，后世的人都是在为政中学习为政，这是唐、宋、元、明的人才难以与古初的人才相比的原因。皇上圣神像尧舜，也要凭借群策群力，士人也要学习皋陶、夔、后稷、契从事政事罢了。

【评述】

龚自珍认为，官吏不仅应该处理好所辖区域内的事务，还要担当移风易俗、教化民众的职责。因此，官员的素质尤其是文化素养要高于一般民众。一个成功的统治经验是学而入政，而后世皆学于政，故难以认识到和担当起教化职责。

第二节　林则徐

【人物简介】

林则徐（1785—1850），字元抚，又字少穆、石磷。乾隆五十年（1785 年）出生在福建侯官（今福州市）一个“累传皆儒业”的耕读之家。嘉庆十六年（1811 年）进士，选翰林院庶吉士。后历任翰林院授编修、国史馆协修、江南道监察御史等。嘉庆二十五年七月起，林则徐外任浙江杭嘉湖道、浙江盐运使、江南淮海道。道光三年（1823 年）正月起，提任江苏按察使、署江宁布政使、河东河道总督。十二年二月，调任江苏巡抚。十六年十一月十五日，道光皇帝特命林则徐为钦差大臣赴粤查禁鸦片烟。其间编《四洲志》，第一次比较系统地介绍西方地理，被称为“开眼看世界的第一人”。十七年正月，升湖广总督。十九年十二月初一日，清廷授林则徐任两广总督，积极防范和抗击英国侵略。林则徐抗英有功，却遭投降派诬陷而被革职，“从重发往伊犁，效力赎罪”。二十五年，林则徐被重新起用，先后调任署理陕甘总督、陕西巡抚、云贵总督。三十年，清政府为进剿太平军，再任命他为钦差大臣督理广西军务。在赴任途中，于十月十九日（11 月 12 日）卒于潮州普宁县。死后晋赠太子太傅，谥文忠。著述载于《林则徐集》，1962 年至 1965 年由中华书局陆续出版。费正清主编的《剑桥中国晚清史》评价林则徐：“他的经历清白无瑕。”

安民告示，力除弊政

【原文】

道光十年八月

为关防[①]诈伪事：

照得本司起家儒素[②]，通籍[③]词垣[④]，由侍御而陟监司，历廉防而开藩翰[⑤]。典试于西江、南诏，又校礼闱[⑥]；临民于两浙、三吴，旋移秦陇。兹复印膺恩命，承乏楚帮，任恐难胜，而志惟求慊[⑦]，才虽未逮，而守必不渝。是以随事亲裁，无一端之假手，奉公洁己，恒五夜以扪心。惟楚省为水陆通衢，商民云集，恐有招摇撞骗情事，除严密查拿外，合亟胪列条款，出示晓谕。为此，示仰各属士商军民人等知悉：如有各种情弊，许即赴司首告，或就近禀报地方官拿究，以凭惩办。倘知情容隐，或朋比为奸，察出一并重办。各宜懔遵，勿贻后悔！特示。[1]

【注释】

①关防：关隘有军队驻守的地方。

②儒素：儒者的素质，谓符合儒家思想的品格德行；泛指儒士。

③通籍：做官。“籍”是二尺长的竹片，上写姓名、年龄、身份等，挂在宫门外，以备出入时查对。“通籍”谓记名于门籍，可以进出宫门。因此后来便称做官为“通籍”。

④词垣：词臣的官署，如翰林院之类。

⑤藩翰：喻指藩国；这里指布政使。

⑥礼闱：指古代科举考试之会试，因其为礼部主办，故称礼闱。

⑦慊（qiè）：满足，满意。

【译文】

道光十年八月

为关防欺骗伪事而写：

我起于儒士，先做翰林院的小官，由侍御史而升为监司，后从廉防升为布政使。在西江、南诏做过典试，又主管过礼闱；在两浙、三吴又做过管理百姓的官职，很快调任陕甘。现在又担当皇恩任命，暂任职于楚地，职任恐怕难以胜任，而志向只追求满意，才能虽然达不到，而操守一定不改变。所以我常随事而亲自

〔1〕 中山大学历史系编：《林则徐集·公牍四·关防告示》，中华书局1963年10月第1版，第16—17页。

裁断，没有一件事让别人代替，奉公廉洁，常深夜而扪心自问。只是楚地作为水陆交通枢纽，商人云集，恐怕有招摇撞骗的情况，除严密查办外，还要符合各项条款，出示晓谕。为此，希望各部、士人、商人、军人、百姓等都要知道：如有舞弊的情况，应当立刻到主管部门出面告发，或就近禀报地方官员捉拿追究，按规定惩办。倘若知情不报，或勾结为奸，查出后一并重办。各自都应当遵守，勿致后悔！特示。

【评述】

这是1830年林则徐被任命为湖北布政使的上任文告，也是反对腐败的一份宣言书。反腐倡廉，革除弊政，重要的是要依靠民众，依靠民众的监督和推动，取信于民，服务于民。林则徐赴任之际，利用文告的形式，向社会公布自己反腐除弊的措施，表达了亲民勤政廉政的政治态度，对于推进反腐倡廉极具促进作用，值得称道。

自持刻苦，清慎自矢

【原文】

道光十一年十二月初七日

窃臣恭荷恩纶[①]，擢任东河河督，当经具折虔谢天恩。嗣由江南起程，遵旨即赴新任，复经恭折奏报在案。兹于山东途次，接奉朱批：“一切勉力为之，务除河工积习，统归诚实，方合任用尽职之道，朕有厚望于汝也。慎勉毋忽！钦此。”又于夹片内奉朱批：“当今外任官员，清慎自矢者固有其人，而官官相护之恶习，牢不可破。此皆系自顾身家之辈，因循苟且，尸禄保身，甚属可恶！记曰：‘官先事，士先志。’其可忽诸！钦此。”臣跪读之下，仰见皇上设诫务实，澄叙②官方，训诫谆谆，要在挽回积习。臣虽愚昧，具有天良，每念一介寒微，渥被③圣明知遇，苟志存温饱，念重身家，是已失读书致用之本心，更何以仰酬君上？是以臣受恩愈重，悚惧愈深，夙夜扪衷，惟矢此不敢欺之一念，任难胜而心务尽，才未逮而守必严。且近阅邸钞④，伏读上谕：“各直省督抚，宜洁己奉公，尤须正色率下。倘正己而不能率属，则是形同木偶，于地方有何裨益等因。钦此。”圣谕煌煌，至为明切。况河工积习，尤所熟闻，将欲力振因循，首在破除情面。臣惟有自持刻苦，不避怨嫌，以防意者防川，以纠心者纠吏，务冀弊除帑⑤节，工固澜安，以仰副圣主委任提撕之至意。[1]

【注释】

①恩纶：犹“恩诏”，意为帝王降恩的诏书。

②澄叙：清理整饬。

③渥被：恩润深厚的光泽。

④邸（dǐ）钞：亦作“邸抄”，即邸报，中国古代抄发皇帝谕旨、臣僚奏议和有关政治情报的抄本。

⑤帑（tǎng）：古代指收藏钱财的府库或钱财。

【译文】

道光十一年十二月初七日

---

〔1〕《林则徐集·奏稿三·接任河东河道总督日期折》，中华书局 1965 年 3 月第 1 版（下同），第 12—13 页。

微臣恭贺恩诏，被提拔任命为河东河道总督，应当上折虔诚答谢天恩。随后由江南启程，遵旨即时赶赴新任，已经恭敬上折奏报在案了。今于山东途中，接奉御批：“一切勉力为之，务必除去河工的陋习，一切归于诚实，才合乎任用尽职的道义，朕对你寄有厚望。谨慎勤勉，不要懈怠！钦此。”又在夹片内奉朱批：“当今外任的官员，清廉谨慎、志向坚定的固有其人，而官官相护的积习，牢不可破。这都是自顾身家之辈，因循苟且，尸位保身，实属可恶！记住：‘官以做事为先，士以立志为先。’这怎么可以忽视啊！钦此。”我在跪读的时候，望见皇上真诚务实，清理整饬官场，训诫谆谆，想要挽回积习造成的影响。我虽愚昧，但具有天良，每念我一个寒微之士，披圣明知遇的厚泽，如果志存于温饱，念重身家，是已经失去读书致用的本心，更何以酬谢皇上？所以我受恩愈重，忧惧愈深，昼夜扪心反思，只发誓不敢有欺君一念，职任难以胜任而一定要尽心尽力，才能不及而操守一定要严格。且近来阅览邸报，伏读上谕：“各直省督抚，一定要洁己奉公，尤其必须正色率下。倘若正己而不能做属下的表率，则是形同木偶，于地方有什么好处。钦此。”圣谕煌煌，极为明白切实。况且河工的积习，尤其经常听闻，将要努力振拔照章做事，首先在于破除情面。我只有自持刻苦，不避怨恨，像防意守城般治河防水，像躬身反省般纠察官吏，希望务必积弊除却，国库节约，工程坚固，波澜不惊，以不负圣主委任提携的至意。

【评述】

道光皇帝对官官相护、尸禄保身的吏治腐败形势有所体察，所以以“官先事，士先志”勉励林则徐为挽回积习造成的影响而努力涤清吏治。林则徐表示竭尽全力，严格操守，破除情面，不避怨嫌。君主设诚务实，澄叙官方；臣下自持刻苦，清慎自矢。如此反腐倡廉难以深入，盖为制度原因或积重难返。

敦品自爱，整肃科场

【原文】

道光十二年六月二十五日

……至士子敦品[①]自爱者固多，而希图幸获者亦复不少，科场搜检自当从严，惟人数至一万数千人之多，难保全无遗漏。且往往因搜检而愈形拥挤，因拥挤而不免稽迟[②]。查嘉庆癸酉科江南乡试，因首场封门太迟，奏请议处。是于认真搜检之中，又须不误日时方为得体。臣查夹带之弊，约有三端：一则专带文中典故，以及经解策料，虽有所取资，而尚须运用。一则坊刻小本成文之类，明知不可抄袭，只图采掇成篇。一则分倩多人，将四书题文全行制就，携带入场，见题即钞，不费思索；闻近科以此幸获者，颇不乏人。是以平时言馆地[③]者，教读之外，别有作文席面，每撰一篇，自二三百文至洋钱一圆不等。文名愈著之士，揽作愈多。且众人争托其名以售，文艺大半脱胎录旧，并非独出心裁。而一篇或售卖两家，一稿又传钞数手，如斯之类，必犯雷同。但帘官眼力不齐，雷同者未必均在一房，故有通篇一样之文，此中而彼黜者。臣前在江西典试，取中之文已经发刻，及搜阅落卷，竟查出许多雷同，将已刻者复经黜去。虽彼时未被幸获，而事后无所示惩，究恐不自爱之徒，仍存侥幸万一之想。查录旧章中，例有斥革之条。但闱墨[④]只刻前魁，其通榜中士之文，榜后即已解部，未必人人得见。即间有录旧雷同之卷，而事无左证，孰肯坏其已成之名。是以剿袭幸售，仍无忌惮。惟于场内阅卷之际，对出雷同即记档册，于撤闱后加以惩儆，庶可杜其恶习。且本科钦遵谕旨，将落卷通行校阅，雷同剿袭者更无所逃。臣请移行主考帘官，记其字号，揭晓之后移臣查办。除策学援引语句毋庸议外，其“四书”经文雷同至三行以上者，正途贡监生员，照考案事例以次将等，罚令对读；若系俊秀监生，以后不许应试。至全篇雷同剿袭者，毋论正途⑤俊秀，概行斥革，永不准考。如此则士子皆有畏惮之心，不敢录旧，而倩人作文者恐其无益有害，则怀挟之弊似可立除，而真才愈以辈出矣。

臣职在监临，意存杜弊，不揣冒昧，敬陈管见。是否可行，伏乞皇上圣鉴训示。谨奏。[1]

【注释】

①敦品：砥砺品德。

②稽迟：延误滞留。

③馆地：指幕宾或塾师的职位。

④闱墨：别称“试录”。闱，科举时代的试院。墨，试卷。明清将乡试会试之中式文章选刻成书，明代称小录，清代称闱墨。

⑤正途：清制，官吏由进士、举人出身者称科甲，与恩贡、拔贡、副贡、岁贡、优贡、荫生出身者皆为正途。若由捐纳或议叙而得官的，称为异途出身。

---

〔1〕《林则徐集·奏稿四·请定乡试同考官校阅章程并预防士子剿袭诸弊折》，第49—50页。

【译文】

道光十二年六月二十五日

……至于士子砥砺品德自爱的固然多，而希图侥幸获取的也还不少，科场搜检自然应当从严，只是人数至一万数千人之多，难以保证全无遗漏。而且往往因搜检而更加拥挤，因拥挤而不免延误滞留。查得嘉庆癸酉科江南乡试，因首场封门太迟，奏请议定处理。这就要求在认真搜检之中，又必须不误时间才算得体。我查得夹带的弊端，约有三处：一则专带文中典故的，以及经解策料的，虽有所用处，而尚须运用。一则坊刻的小本成文之类的，明知不可抄袭，只图采取攒掇成篇。一则分别请托多人，将四书题文全部制好，携带入场，见题就抄，不费思索；听说近来科考以此侥幸获取的，颇不乏人。因此平时所谓的幕僚塾师，除了教读活动之外，另设有作文席面，每撰一篇，自二三百文至洋钱一元不等。文名愈显著的人，揽取写作的愈多。而且众人争托其名以出售，内容大半脱胎于照旧写来，并非独出心裁。而一篇或售卖两家，一稿又传抄数手，像这样的，必犯雷同。但是如果帘官们眼力不齐，雷同卷未必都在一房，所以有通篇一样的文章，而有这个房取中而那个房去除的。我先前在江西典试，取中的文章已经发行刻印，等到搜阅落第的卷子，竟然查出许多雷同的，将已经刻者再行废除。虽那时侥幸未被逮到，而事后无所示以惩处，究竟恐怕不自爱之徒仍存侥幸万一的想法。查录旧时侥幸得中的，照例有斥革的条款。但闱墨只刻前面的几名，其一榜中中进士的文章，榜后就已解送部里，未必人人都能看见。此一过程中间或有雷同卷，而事无佐证，怎肯坏其已成的功名。因此抄袭侥幸售卖，仍无忌惮。只在场内阅卷的时候，对出雷同卷即记录于档册，于考试后加以惩儆，希望可以杜绝其恶习。且本次科考钦遵谕旨，将落第的卷子全部校阅，雷同抄袭的更加无以逃脱。我请移送主考帘官，记其字号，揭晓之后转给我查办。除策学援引语句不予追查之外，其“四书”经文雷同至三行以上的，正途贡生、监生按照考案事例分情况、分等次发号令其对读；如果是俊秀监生，以后不许应试。至全篇雷同抄袭者，不论是否正途俊秀，一概斥革，永不准考。如此则士子都有畏惧忌惮之心，不敢抄录旧的文章，而托人作文的恐其无益而有害，则挟带的弊端似可立即去除，而真才越能辈出了。

我的职责在监督，用意在于杜绝科场弊端，没有深思熟虑，敬陈管见。是否可行，请皇上圣鉴训示。谨奏。

【评述】

科举取仕是隋唐以来最重要的选官制度，科场风纪直接关系到吏治廉腐如何。反腐倡廉关口前移，整肃科场至关重要。林则徐对考场抄袭作弊现象采取多项措施给予防治，对症下药，有的放矢。

赈灾除弊，安民肃政

【原文】

道光十三年

……伏查灾赈之弊悉数难终，而致弊之由非一端，即舞弊之人亦非一类，若但统谓之弊而未经分别推求，则虽极意剔除，终恐情形隔膜。即如该给事中胪举各弊，有在土棍者，有在生监者，有在吏胥者，并有在州县者，臣请分晰陈之：

土棍[1]之弊在于悍泼，如该给事中所称攀号喧嚷，截米爬抢等情，皆系实有之事，然犹其浅者耳。其凶恶情形，则在强索赈票，不许委员[2]挨查户口，如不遂欲，则抛砖执石，泼水溅泥，翻船毁轿，甚至将委员拥至空屋，扃镉其户，以为要求必得之计。并主使村庄妇女，百般凌辱，尤为莫可理喻。其于殷富之户，则恃众闯闹，名曰坐饭，又曰并家，而统谓之吃大户。公然传单纠约，助势分赃，不独设立灾头，并有管帐、包厨等名目。如十一年奏办之陆长树、王玉淋等案，即皆土棍之尤。屡经严拿痛惩，近虽稍知敛戢，而恶习总未尽除。当兹灾歉频仍，惟有宽猛兼施，随时惩处。若指此为办灾之弊，则弊在民而不在官。缘此种凶徒，不但州县嫉之如仇，吏胥尤谓之如虎，似无敢与串同之理。

生监[3]之弊在于包揽，平居无事，惯为灾呈，一遇晴雨欠调，即约多人赴官呈报。若经有司驳斥，辄架民瘼大题，联名上控。及闻查赈，则各捏写户口总数，勒索赈票，自称力能弹压。只要遂伊所欲，便可无事。否则挟制官吏，讦告不休，京控[4]之案，往往若辈为之。

吏胥之弊在于捏册，当报荒之始，即造具灾形图册，详载区图斗斛，谓之注荒。迨给赈，则有口册赈票饭食纸张，在在需费。吏胥即藉灾费为名，于查荒时索钱卖单，查赈时捏名入册，先借口于赔垫而暗遂其侵欺。此等或愚弄本官，或买嘱委员，或勾结生监，尚皆事所时有，曾经惩办有案。若谓其串同土棍，则彼此判若两途，拒之惟恐不严，避之惟恐不远，未必引而近之，以自取累也。

凡此三种舞弊之人，欺诈万端，不胜枚举，尚不止如该给事中所陈。然扼要总在州县，州县廉则人不敢啖以利，州县严则人不敢蹈于法，州县勤而且明，则人不得售其奸。所虑灾赈之区难得许多良吏，诚如圣谕："岂今之州县胜于前人?"此臣所以深思原本而必以察吏为最亟也。幸赖我皇上澄叙官方，首以清廉为重，近来江苏州县虽其才干未必果胜前人，而办灾一事实系清赈，不能更有侵冒之事。亦非必其人之皆清，而实有不得不清之势也。[1]

【注释】

①土棍：地方上的无赖、恶棍。

②委员：指被委派担任特定任务的人员。

③生监：生员与监生。

④京控：清代官民有冤屈，经地方最高级官署审判仍不能解决时，可赴京向都察院及步军统领衙门控诉，谓之"京控"。

【译文】

道光十三年

……查灾赈的弊端全部去除很难，而导致弊端的原因不是一个，舞弊的人也不是一类人，如果只是统谓之弊端而未经分别推求，则虽极力剔除，终究恐怕情形模糊。就是像该给事中列举的各样弊端，有在土棍的，有在生监的，有在吏胥的，并有在州县的，我请为陛下分条清晰陈报：

无赖恶棍的弊端在于狡猾凶悍，如这个给事中所说的哀号喧嚷，拦截米粮爬抢等情形，都是实有的事，然而这些还是其中较

〔1〕《林则徐集·奏稿四·查明灾赈积弊及现在办理情形折》，第144—145页。

为一般的事例。其更凶恶的情况，则在强行索取赈票，不允许委派的人员挨查户口，如不能满足他们的要求，他们就抛砖执石，泼水溅泥，翻船毁轿，甚至将委派人员拥至空屋，关闭起来，作为满足要求必需的人质。并指使村庄里的妇女，百般凌辱，尤其不可理喻。对于其余的殷富人家，他们就恃众闯闹，名之为坐饭，又称为并家，而统称吃大户。公然传单纠集，助势分赃，不仅仅设立灾头，还有管账、包厨等名目。如道光十一年（1831 年）奏请法办的陆长树、王玉淋等案件，就都是土棍中最坏的。屡经严加拿办痛加惩处，近来虽然稍有收敛，而恶习总不能除尽。当此灾害频发的时候，只有宽猛兼施，随时惩处。如果认为这是办灾的弊端，则这弊端在民而不在官。因为此种凶徒，不但州县百姓疾之如仇，吏胥尤其称之如虎，似乎没有敢与他们串通的道理。

生监的弊端在于包揽，平常没事，习惯呈报灾情，一遇晴雨失调，就聚集多人赴官呈报。若经主管部门驳斥，立刻以民众疾苦的大题目为借口，联名向上控告。等到听说核查赈灾情况，则捏造户口总数，勒索赈票，自称有能力制服。只要遂了他们的欲望，便可以没事。否则要挟官吏，揭发控告不休，京控的案件，往往是这些人如此所为。

吏胥的弊端在于捏造名册，在开始呈报饥荒时，就制造灾情图册，详载灾区图册缺粮的数量，称为注荒。等到赈济的时候，则有口册赈票饭食纸张，全需费用。吏胥即以灾费为借口，在查荒的时候索钱卖单，查赈时捏造人名入册，先借口于赔垫而暗中满足他们的侵夺欺骗。这些吏胥有的愚弄主持官员，有的买通委派官员，有的勾结生监，做自己尽可能做的事，曾经惩办过的有案可查。如果说他们想串通土棍，则不是事实，两者判若两途，拒之唯恐不及，避之唯恐不远，未必引惹接近他们而自找麻烦。

凡此三种舞弊的人，欺诈万端，不胜枚举，还不止如该给事中所说。然扼要说，总在州县的地方官，州县廉洁则人不敢拿利益引诱，州县严厉则人不敢违犯法律，州县勤快而且清明，则人不能兜售其奸。所值得忧虑的是灾赈的地方难以得到太多的良吏，诚如圣谕："难道今天的州县胜于前人吗?"这是我所以深思推原根本以为一定要以明察官吏为最急迫的事由。所幸我皇上清理整饬官场，首先以清正廉洁为重，近来江苏州县虽其才干未必果真胜过前人，而办灾一事实为清廉赈灾，不能再有侵蚀冒领的事情。也并非一定是他们都清廉，而实在是有不得不清廉的姿态。

【评述】

天灾民敝，社会孔荒，贪官污吏恶霸乘赈灾之机，聚敛国家财物，中饱私囊，祸国殃民。林则徐分清事理，部署打击趁火打劫的土棍、生监、胥吏，澄叙民情政风，治标固本，安定社稷。其兢兢业业，诚恳可嘉，冰心可鉴。

立政之道，察吏为先

【原文】

道光二十七年十月二十一日

奏为甄别昏庸谬妄及难胜民社各员，请旨分别革职勒休改教，以饬官方，恭折奏祈圣鉴事：

窃维立政之道，察吏为先，如其措理乖方[①]，识见适行其暗汶，聪明误用，心术每中于回邪[②]。又或因相率因循，则公务必多废弛。臣等于接见属员时，无不留心考察。[1]

【注释】

①乖方：违背法度，失当。

②回邪：不正，邪僻。

【译文】

道光二十七年十月二十一日

奏为甄别昏庸、谬妄以及难以胜任民社各人员，请下旨分别或革职或勒休或改教，以饬官方，恭折奏望圣上明鉴：

我认为建立良政的治道，考察官吏为先，如果他们治理违背法度，见识施行昏暗不明，智力使用不当，心术每次表现为不正。又或者因为相互因循守旧，则公务必然多被荒废懈怠。我等在接见属员时，没有不留心考察的。

【评述】

人治社会，自然推崇正确选拔任用官员，以至于这就成了首要的活动。对各级官员考核，熟悉他们的德能勤绩，是为政之要。林则徐精于察员，严于治吏，为封疆大吏的表率。

---

〔1〕《林则徐集·奏稿十三·甄别未能称职各员分别革职勒休折》，第987页。

第三节 魏源

【人物简介】

魏源（1794—1857），原名远达，字默深，湖南邵阳人。中国近代思想家、史学家、文学家。先后为江苏布政使贺长龄、江苏巡抚陶澍、两江总督裕谦的幕僚，直接参与抗英战争。道光二十四年（1844 年）甲辰进士，后任江苏东台、兴化知县。咸丰元年（1851 年），授高邮知州，后辞官专心著述。他编成《海国图志》，主张学习西方军事和工业技术使国家富强，提出“师夷之长技以制夷”的观点。他主张革新，提出“变古愈尽，便民愈甚”的主张，成为近代中国改良思想的前驱。咸丰七年（1857 年）三月，在杭州僧舍病故。魏源生前著述颇丰。1976 年，中华书局集魏源诗文刊行《魏源集》。2004 年，岳麓书社出版《魏源全集》。

为国为民，赤子情怀

【原文】

人有恒言曰“才情”，才生于情，未有无情而有才者也。慈母情爱赤子，自有能鞠①赤子之才；手足情卫头目，自有能捍头目之才。无情于民物而能才济民物，自古至今未之有也。小人于国、于君、于民，皆漠然无情，故其心思智力不以济物而专以伤物，是鸷禽之爪牙，蜂虿②之芒刺也。[1]

【注释】

①鞠：养育，抚养。

②虿（chài）：蛇、蝎类毒虫的古称。

【译文】

人经常说的一个词是“才情”，才华生于性情，没有无性情而有才华的。慈母爱赤子，自有养育赤子的才能；手足用情护卫头和眼目，自有捍卫头和眼目的才能。对民众万物无感情，而能够单凭才能搞好治理，自古至今从来没有。小人对国家、君主和民众，一点儿都没有情感，所以他的心思智力不是用来济物而是专用来伤物，是鸷鸟的爪牙，是蛇蝎的芒刺。

【评述】

魏源提出才情论，否定理学家反对人的情感的“无情论”。对于人民群众爱的情怀和对于君主的忠诚，对于一个善良本分的封建官吏来说是统一的一种朴素情感。这种情感是恪尽职守的原动力。今天，我们倡导“权为民所用，情为民所系，利为民所谋”，也包含一种对于人民群众的赤子情怀，进而生成一种理性的权力观。

---

〔1〕《魏源集·默觚下·治篇一》，中华书局2009年10月第3版（下同），第35页。

忧患生治，安乐出乱

【原文】

君子读《二雅》至厉、宣、幽、平之际，读《国风》至《二南》、《豳》之诗，喟然曰：《六经》其皆圣人忧患之书乎！“天下之生久矣，一治一乱”；治久习安，安生乐，乐生乱；乱久习患，患生忧，忧生治。《洪范》贵不列于五福①，崇高者忧劳之地，非安享之地也。康庄之仁我也，不如太行。故真人之养生，圣人之养性，帝王之祈天永命，皆忧惧以为本焉。[1]

【注释】

①五福：一是长寿，二是富庶，三是康宁，四是好德，五是善终。

【译文】

君子读《二雅》到厉、宣、幽、平那些内容的时候，读《国风》到《二南》、《豳》那些内容的时候，感叹道：《六经》大概都是圣人忧患的作品！“天下之生久矣，一治一乱”；治理长久就习惯于安逸，安逸就生溺乐，溺乐就生动乱；动乱长久则习惯患难，患难则生忧患，忧患则生治理。《洪范》中没有把“贵”列于五福之一，那是崇高的人忧虑劳碌的处境，不是安心享受的地方。平坦大道对我的好处比不上崎岖的太行山。故真人的养生，

〔1〕《魏源集·默觚下·治篇二》，第38—39页。

圣人的养性，帝王的祈天永命，都是以忧惧为根本。

【评述】

天下治乱，颇有规律可循。谨慎认真，孜孜以求，勤政廉政，就会达到天下大治。反之，骄淫奢侈，得意忘形，恶欲膨胀，就会腐化堕落，问题成堆，终于不治，酿成大乱。所以，遏制随心所欲，反对为所欲为，加强道德修养、法纪约束、社会监督，是政治清明必需的思想制度条件。

道德教化，治国之本

【原文】

圣人以名教治天下之君子，以美利利天下之庶人。……故曰：刑以坊淫，庶民之事也；命以坊欲，士大夫之事也；礼以坊德，圣贤自治之学也。①世之极盛也，使天下以义为利，其次则以民为利。《诗》曰：“庶人之愚，亦职维疾；哲人之愚，亦维斯戾②。”

强人之所不能，法必不立；禁人之所必犯，法必不行。虽然，立能行之法，禁能革之事，而求治太速，疾恶太严，革弊太尽，亦有激而反之者矣；用人太骤，听言太轻，处己太峻，亦有能发不能收之者矣。兼黄、老③、申、韩④之所长而去其所短，斯治国之庖丁乎！《诗》曰：“伐木掎⑤矣，析薪扡⑥矣。”[1]

---

〔1〕《魏源集·默觚下·治篇三》，第44—45页。

【注释】

①“故曰”一句：出自《礼记·坊记》：“故君子礼以坊德，刑以坊淫，命以坊欲。”坊，通“防”，防范。

②戾（lì）：乖张。引申为违反。

③黄、老：即“黄老学派”，战国、汉初道家学派。尊传说中的黄帝与老子为创始人。

④申、韩：战国时申不害和韩非二人的合称，代表法家。

⑤掎（jǐ）：拉住，拖住；支撑。

⑥扡（chǐ）：顺着木柴的纹理剖析。

【译文】

圣人是以礼教来治理天下的君子，以美好的功利来为天下百姓提供利益的。……所以说：刑罚用来防止淫乱，跟百姓有关；法令用来防止欲望，与士大夫有关；礼仪用来约束道德，是圣贤自我修养的学问。世道极为昌盛，使天下人讲求以义为利；退而求其次，则让百姓谋求功利。《诗经·大雅·抑》有言：“常人如果不聪明，那是本人有毛病；智者如果不聪明，那就反常而令人吃惊。”

强迫人做所不能做到的事，法律必定不能成立；禁止人一定违犯的事，法律一定不能执行。虽然如此，制定能施行的法律，禁止能够革除的事，而追求治理太快，痛恨丑恶太严格，革除弊端太完全，也有激进而适得其反的；提拔人才太快，太轻易听取人言，对自己太严苛，也有能开局而难以结尾的。兼顾黄老道家和申韩法家的长处而去除他们的短处，这是治理国家的庖丁啊！《诗·小雅·小弁》里说：“伐树还要使绳索拉住，砍柴还要顺着纹路。”

【评述】

中国传统政治思想提供了多种治国方式，势、利、名，人治、法治，各有其理由根据所在。为了长治久安，统治者要吸取各派的长处，力戒一意孤行，形而上学，其中最根本的莫过于实施道德教化。这是因为道德教化着眼于人的心灵塑造，着眼于从根本上育民为善。礼、义、廉、耻是道德教化的手段和目标，立法与用人服务于良好治理，它们都是为了营造一个好的社会秩序，为了培育好的人性。尽管现实社会并非如此即能够简单美好地建构起来，但这样的理想追求包含对政治清明的文化向往。

用人得当，匡正法弊

【原文】

医之活人，方也；杀人，亦方也。人君治天下，法也；害天下，亦法也。不难于得方而难得用方之医，不难于立法而难得行法之人。……君子不轻为变法之议，而惟去法外之弊，弊去而法仍复其初矣；不汲汲求立法，而惟求用法之人，得其人自能立法矣。《诗》曰：“不失其驰，舍矢如破。”[1]

【译文】

医生使病人起死回生，用的是药方；杀人，用的也是药方。

[1] 《魏源集·默觚下·治篇四》，第45—46页。

君主治理天下，用的是法律；危害天下，用的也是法律。不难于得到药方而难以得到用药方治病的医生，不难于制定法律而难于得到施行法律的人。……君子不轻易作改变法律的议论，而希望去除法律之外的弊端，弊端去除了，法律仍恢复其原初的形态；不急急忙忙追求立法，而只求使用法律的人，得到这样的人，法律自然就能制定出来了。《诗·小雅·车攻》说：“车子驰驱，章法不乱；箭一出手，如锥破物。”

【评述】

良好治理依靠用人和法制两个途径，根本还在于用人。因为不同的社会条件需要不同的法制，相同的法制因为不同的社会条件却有不同的社会效应。所以，制定和修正法律一定要慎重，再好的法律也要人来执行。第一要用好人，第二修正法制，第三才是制定法律。魏源的政治意见总结了历史经验，富有真知灼见，给人启迪。

明哲识人，惟重道义

【原文】

人主与忠信道德之士处，若服兰芍[①]然，久而不知其芳也；若食五谷然，久而不觉其益也。……

博弈之交不日，饮食之交不月，势利之交不年，意气声名之交不世，惟道义之交万古如一堂也，四海如一室也。爵禄羁之者可臣，金帛啖之者可役，饮食干糇[②]之者可畜；壮士不可饮食致也，豪杰不可金帛致也，君子不可好爵縻[③]也。……

天下小人不可尽诛，小人之有才者尤不能不用，但止可驱策于边疆而不可用于腹心密勿④之地。故《易》言“内君子而外小人”也。[1]

【注释】

①兰芍：兰花、芍药。代称艳丽芳香的鲜花。

②干糇（hóu）：干粮。

③好爵縻：出自《易经·中孚》：“我有好爵，吾与尔靡〔縻〕之。”爵，古代青铜酒具。贵族因等级不同，使用的爵也不同。后世把爵作为爵位、爵号、官位的总称，好爵即指代高官厚禄、好运气、好机会。縻，“縻”的误字。縻，拴牛绳，引申为牵系、拴住。

④密勿：机密。旧指接近皇帝，处理军事机密的场所。也指十分得要、机密的地方。

【译文】

人主与忠信道德的士人相处，如佩戴兰花芍药一样，时间久了便不知道它的芬芳；如吃五谷一样，时间久了便不觉其有益处。……

博弈之交不超过一天，饮食之交不超过一个月，势利之交不超过一年，意气声名之交不超过一世，只有道义之交才能万古如一屋，四海如一室。为爵禄所羁縻的可以做臣工，为金钱而生存的可被役使，为饮食干粮所生存的可以被畜养；壮士不可仅仅用

〔1〕《魏源集·默觚下·治篇八》，第55—56页。

饮食使他来，豪杰不可用金钱使他来，君子不可用爵位羁縻他。……

天下的小人不可能全部诛杀，小人中有才能的尤其不能不用，但只可驱策于边疆而不可用于腹心机密之地。所以《易经》说："内君子而外小人。"

【评述】

人才的任用，关系国家兴亡。特殊的人才甚至决定着政治治理的命运。识别人才是任用人才的前提。爱才、惜才、用才，通过观察鉴别德行与能力，发现并重用人才，这是领导者最须具备的素质和能力。其中，擢拔处于逆境中的特殊人才，是非凡领导者的胆识。

另一方面，人是社会性的，交游原则决定关系性质，反过来影响在社会上的形象，影响整个社会价值、社会关系健康与否。所谓"博弈之交不日，饮食之交不月，势利之交不年，意气声名之交不世，惟道义之交万古如一堂也，四海如一室也"。君子交游，必当审慎，唯以道义为重。道义之交，扬社会正气，成正义群体。

礼贤下士，民必归之

【原文】

古之得人家国者，先得其贤才，士心之归如此，而民心有不景[①]从者乎？岂惟殷士，盖豳、岐从征之士，亦无一不与殷士相兄弟友朋焉，道德一而风俗同矣。周公训鲁公曰："平易近民，民必

归之。”〔1〕

【注释】

①景：通“影”。

【译文】

古代得天下的，先要得到贤才，士人的心归向如此，而民心有不像影子一样跟从的吗？不是只有殷商的士人，大概豳、岐所有跟从征战的士人，没有一个不可以与商殷人的士人相互为兄弟友朋，（因为）道德统一而风俗相同。周公训诫鲁公说：“平易近民，民必归之。”

【评述】

得人才之心，就会获得民众之心，因为人才的价值实现就是民众价值的体现。如何才能获得人才的仰慕归属？周公树立了榜样，就是要近民、亲民。平易近人，人必归之。而凡是自设官民壁垒，自绝于民，壅闭日久，必然形成官民矛盾。

巧言令色，应之哲惠

【原文】

……世有君子，能远无才之小人，未必能远有才之小人也；能识毗①阳之小人，未必能识毗阴之小人也。天生尤物，足以移

〔1〕《魏源集·默觚下·治篇九》，第59页。

人，尧、舜畏之，仲尼恶之，而欲烛神奸于后世之中主，不其难哉！《诗》曰：“荏苒（染）柔木，君子树之。往来行言，心焉数之。”《书》曰：“何畏乎巧言令色孔壬。”[1]

【注释】

①毗（pí）：与……相邻。

【译文】

世间有君子，能远离没有才能的小人，未必能远离有才能的小人；能识别靠近明亮处的小人，未必能识别躲在阴暗处的小人。天生尤物，足以使人心动，但尧、舜畏惧它，仲尼厌恶它，而想使后世的中材君主洞明鬼神般的小人，不是很难吗?!《诗·小雅·节南山之什·巧言》说：“小小树儿多柔嫩，君子种植多辛苦。流言传播无根据，心中分辨自有数。”《书·皋陶谟》说：“何必畏惧那些用动听的言辞和伪善的面目取悦于人的奸佞。”

【评述】

对于德才关系，魏源主张德与才并用。“专以才取人，必致取利口；专以德取人，必致取乡愿。”如何处理德才关系，魏源提出“才情说”：“才生于情，未有无情而有才者也。”“无情于民物而能才济民物，自古至今未之有也。小人于国、于君、于民，皆漠然无情，故其心思智力不以济物而专以伤物。”只有对人民有热情，当人民有难的时候“匍匐救之”的人，才有可能发挥其智慧，

[1]《魏源集·默觚下·治篇十》，第63页。

成为真正的济世之才。对于无德有才小人，不废其才。“天下小人不可尽诛，小人之有才者尤不能不用，但止可驱策于边疆而不可用于腹心密勿之地。”同时，警惕小人陷害君子。“贤人而得主，旷世难逢，有鱼水之遇，有逐小人之权，而反为小人倒持阿柄，使善治败于垂成，奇勋翻为祸首，讵不惜哉！”魏源这一认识很有见地的。

不通则痛，养痈遗患

【原文】

三代以上之人材，由乎教化；三代以下之人材，乘乎气运。乘气运而生者，运尽则息，惟教化出之无穷。气运所生亦有二：国之将昌也，其人材皆如霆启蛰，乘春阳愤盈，而所至百物受其祥；衰则反是，其人材如蛰墐[①]户，湫闭[②]槁瘁[③]，所至而百物受其怆悢[④]。是以入其国，观其条教号令，聆其谣议文章，占其山川云物，而国之休悴可知也。……

历代亡天下之患有七：暴君、强藩、女主、外戚、宦寺、权奸、鄙夫也。暴君无论矣，强藩、女主、外戚、宦寺、奸相，皆必乘乱世暗君而始得肆其毒，人人得而知之，人人得而攻之。惟鄙夫则不然，虽当全盛之世，有愿治之君，而鄙夫胸中，除富贵而外不知国计民生为何事，除私党而外不知人材为何物；所陈诸上者，无非肤琐不急之谈，纷饰润色之事；以宴安鸩毒为培元气，以养痈贻患为守旧章，以缄默固宠为保明哲，人主被其薰陶渐摩，亦潜化于痿痹不仁而莫之觉。岂知久之又久，无职不旷，无事不蛊，其害且在强藩、女祸、外戚、宦寺、权奸之上；其人则方托老成文学，光辅升平，攻之无可攻，刺之无可刺，使天下阴受其害而已不与其责焉。古之庸医杀人；今之庸医，不能生人，亦不敢杀人，不问寒、热、虚、实、内伤、外感，概予温补和解之剂，致人于不生不死之间，而病日深日痼。故鄙夫之害治也，犹乡愿⑤之害德也，圣人不恶小人而恶鄙夫乡愿，岂不深哉！《诗》曰："多将熇熇⑥，不可救药。"

人材之高下，下知上易，上知下难；政治之得失，上达下易，下达上难。君之知相也不如大夫。相之知大夫也不如士，大夫之知士也不如民，诚使上之知下同于下之知上，则天下无不当之人材矣；政治之疾苦，民间不能尽达之守令，达之守令者不能尽达之诸侯，达之诸侯者不能尽达之天子，诚能使壅情之人皆为达情之人，则天下无不起之疾苦矣。虽然，更有怀才抱道之士，君相不知，臣下亦不知者，更有国家之大利大害，上下非有心壅之，而实亦无人深悉之者，更何如哉？《诗》曰："知我者谓我心忧，不知我者谓我何求。"[1]

【注释】

①墐（jìn）：用泥涂塞。

②湫闭：低洼闭塞。

③槁窳（yǔ）：枯衰。

④怆悢（liàng）：悲伤惆怅。

⑤乡愿：指貌似忠厚、实与恶俗同流合污的人，俗称老好人。

⑥熇（hè）熇：火势炽盛的样子。

---

〔1〕《魏源集·默觚下·治篇十一》，第66—67页。

【译文】

夏商周三代以前的人才，成长于教化之后；三代以后的人才，借助于气运。借助气运而生的，气运尽就止息了；只有教化出的，人才才不至于枯竭。借气运而生成也有两种情况：国家将要昌盛的时候，其人才都如雷霆开启蛰居，顺春阳之势而充盈，所关联的万物都得其祥和；衰世则反之，其人才如蛰居而关门闭窗，居低矮之地而闭守枯衰，所影响到的万物都感到悲伤惆怅。因此进入其国度，察看它的教化旨令，聆听它的街谈巷议和士子文章，观察它的山川云物，而国家的兴盛与衰落就可以知道了。……

历代王朝灭亡的祸患有七种：暴君、强藩、女主、外戚、宦寺、权奸、鄙夫等。暴君不用说了，强藩、女主、外戚、宦寺、奸相，都必然乘世乱君昏之机才能够开始肆虐它的歹毒，因此，人人得而知之，人人得而攻之。只有人品鄙陋、见识浅薄的“鄙夫”情况不同，即使当它全盛的时候，有希望治平的君主，而在鄙夫胸中，除了富贵之外不知国计民生是什么样的事，除了结党营私之外不知人才是什么；向君上陈述的情况，无不是肤泛琐碎的无关紧要的谈资，纷乱粉饰润色的琐事；以宴安鸩毒的方式来“培植”生命元气，以养痈遗患的方式来“守护”旧有章法，以保持缄默加固宠幸来明哲保身，君主被他们熏陶浸蚀，于麻痹不仁中被潜移默化而毫无察觉。哪里知道这样越来越久，没有职任不旷怠，没有事情不出惑乱，这种危害还在强藩、女祸、外戚、宦寺、权奸之上；他们自己则正依托老辣娴熟的理论，堂而皇之地辅佐升平，攻击它而没有可攻击的漏洞，讽刺它而没有可讽刺的把柄，使天下暗暗地受其危害而自己不负责任。古代的庸医杀人；今天的庸医，不能使人生，也不敢杀人，不问寒热、虚实、内伤外感，一概给予温补和解的药剂，使人处于不生不死之间，而疾病一天天严重，病痛一天天厉害。所以，鄙夫危害治理，如同乡愿危害道德，圣人不厌恶小人而厌恶见识浅薄和与恶俗同流合污的人，难道不深刻吗！《诗·大雅·板》说："火势炽烈，越烧越旺，不可救药。"

人才的高下，下层认识上层的容易，上层认识下层的困难；政治的得失，上层与下层沟通容易，下层与上层沟通困难。君主了解宰相不如大夫了解宰相，宰相了解大夫不如士子了解大夫，大夫了解士子不如百姓了解士子。如果真是上层了解下层如同下层了解上层，则天下就没有使用不当的人才了；政治的疾苦，民间不能全传达给守令，传达给守令的也不能全传达给诸侯，传达给诸侯的也不能全传达给天子，真能使堵塞世情的人都变为通达世情的人，那天下就没有不能疗治的疾苦了。即使如此，还是有怀才抱道的士子，君主与宰相都不了解，臣子也不了解，还有国家的大利大害，上层与下层都不是有心堵塞隐瞒它，而实际上是没有人深透熟悉它们，还能怎么样呢？《诗·王风·黍离》说："知我者谓我心忧，不知我者谓我何求。"

【评述】

上医医国，中医医人，下医医病。治国如同治病。不通则痛，养痈遗患，终成腐败。政令与民意不能上通下达，各级官员不能得当地行使职权，就会种下各种社会问题的病根，久之酿成各种祸患。魏源历数古代中国七种政治病患，都属于国家政治不健康的表现，最初形成政情壅闭或个别职权恶性膨胀。因此，国家管理重要的是要各司其职，上通下达，左右逢源，和谐运转。

另一方面，发现社会问题，指出社会弊端，预防社会腐败，集社会全力解决它，实在重要。要反对迁就腐败，与恶俗同流合污的鄙夫俗人，因为他们是非不分，隐瞒祸患。所以，要提高与腐败进行斗争的自觉性。进而，对于深层次的社会问题，只有怀才抱道的人士以其远见卓识才能洞察社会隐患，指出何以疗治、何去何从。对于这样的忧国忧民之士，当予以尊重和重用。

纳言选才，为政之要

【原文】

古无谏诤之官，人人皆谏官也；不惟广受天下之言，亦所以广收天下之才。……

景运之世，言在都俞①，其次言在旌木②，其次言在庭陛，其次言在疏牍，其次言在歌谣，其次言在林薮，其次言在腹臆；言在腹臆，其世可知矣。至治之世，士在公孤③；小康之世，士在僚采④；倾危之世，士在游寓；乱亡之世，士在阿谷⑤；士在阿谷，其世又可知矣。言室满室，言堂满堂。天子穆穆，诸侯皇皇。故世昌则言昌，言昌则才愈昌；世幽则言幽，言幽则才愈幽。《诗》曰："凤皇鸣矣，于彼高冈；梧桐生矣，于彼朝阳。"〔1〕

【注释】

①都俞：成语"都俞吁咈"的省称。都，赞美；俞，同意；吁，不同意；咈，反对。皆为古汉语叹词。本以表示尧、舜、禹

---

〔1〕《魏源集·默觚下·治篇十二》，第68、69页。

等讨论政事时发言的语气，后用以赞美君臣论政问答融洽雍睦。

②旌木：古代用以规谏帝王的旌旗和谤木。

③公孤：公，三公；孤，少师、少傅、少保。泛指重臣。

④僚采：幕僚。

⑤阿谷：大山之间的夹道。谓偏僻的隐居地方。

【译文】

古代没有专门的以谏言为职责的官吏，人人都是谏官；不只广泛地接受天下的言论，也因此广泛地选取天下的人才。……

昌明的盛世，从言论形式上看，首先表现在君臣论政时和洽的问答，其次在于设立旌木召谏，其次在于庭阶进谏，其次在于上递疏牍，其次在于歌谣讽谏，其次在于山林泽畔呐喊，其次压在百姓的心中；言论压在百姓的心中时，世情如何就可想而知了。至治的时代，士位列公卿；小康的时代，士做幕僚；倾危的时代，士在游历寄居；乱亡的时代，士在偏僻的地方隐居；士在偏僻的地方隐居，这样的世情又可想而知了。在室言则满室，在堂言则满堂。天子庄严，诸侯伟岸。所以世情顺昌则言论顺昌，言论顺昌则人才愈昌盛；世情幽闭则言论幽闭，言论幽闭则人才愈加幽闭。《诗·大雅·卷阿》说："凤凰鸣叫，在那高高的山冈上；梧桐生长，在那朝阳升起的东方。"

【评述】

民意能不能被采纳，人才能不能被重用，是衡量政治清明与否的晴雨表。人人都有进言荐才的职责，专设官员和机构更应如此。魏源指出，上古本无专设职位以司纳言选才，后来设置了，这就等于缩小了这项活动的途径，所以，更应该广纳良言良才。从另一个方面讲，士往往通过谏言表达政治意见并监督政治，因此看来，人才即士的境遇又反映着政治治理的状况，对士人的使用及对其社会意见的采纳往往是统一的。

禁奢崇俭，美政之风

【原文】

主奢一则下奢一，主奢五则下奢五，主奢十则下奢十，是合十天下为一天下也。以一天下养十天下，则不足之势多矣；不足生觊觎，觊觎生僭越，僭越生攘夺，王者常居天下可忧之地矣。祸莫大于不知足，不知足莫大于忘本，故礼乐野人从先进，欲反周末之文于忠、质也。……帝王之道贵守一，质俭非一也而去一近，故可守焉，非若奢、文之去一远也。[1]

【译文】

君主奢侈一则臣子奢侈一，君主奢侈五则臣子奢侈五，君主奢侈十则臣子奢侈十，是合十个天下为一个天下。以一个天下供养十个天下，那么，不足之势很严重；不足就会产生觊觎，觊觎产生僭越，僭越产生攘夺，掌权者常常处在天下堪忧的境地了。祸患没有大于不知足的，不知足没有大于忘记根本的，因此，如孔子所说，让乡村野民学习了礼乐后再做官，就是要从周朝末年的文华铺张返回到忠诚和质朴。……帝王之道以守一为贵，质朴、

〔1〕《魏源集·默觚下·治篇十四》，第71页。

节俭不是道而是接近于道，所以可以持守，不像奢侈、文饰那样远离道。

【评述】

节俭是一种生活观，节俭是一种自我约束、自我克制，是对贪欲的一种遏制。“历览前贤国与家，成由勤俭败由奢。”节俭的风尚对于政治治理尤为重要。魏源强调节俭风尚对政界官员的制约作用和养成道德情操的规范作用，并援引孔子倡导的去文返质来呼吁禁奢崇俭，可谓深刻省人。

见利思义，见利思害

【原文】

见利思义与见利思害，讵①二事哉？无故之利，害之所伏也；君子恶无故之利，况为不善以求之乎？不幸福，斯无祸；不患得，斯无失；不求荣，斯无辱；不干誉，斯无毁。暴实之木根必伤，掘藏②之家必有殃。非其利者勿有也，非其功者勿居也，非其名者勿受也。幸人之有者害，居人之功者败，无实而享显名者殆。福利荣乐，天主之；祸害苦辱，人取之。[1]

【注释】

①讵（jù）：难道。

②掘藏：发掘他人埋藏之物。谓得意外之财。

---

〔1〕《魏源集·默觚下·治篇十六》，第76页。

【译文】

见利思义与见利思害，难道是两件事吗？无缘故的利，是害的潜伏所在；君子厌恶无缘故的利，更何况做不善的事而求利呢？不侥幸得福，便没有祸；不计较能否得到，便没有损失；不刻求荣华，便没有耻辱；不追求名誉，便不会遭到诽谤。一次结果太多的树，树根一定受伤；突然得意外之财的人家一定遭殃。不是自己的利益就不占有，不是自己的功劳就不居功，不是自己的名誉就不接受。侥幸占有别人所有的将受祸害，占据别人功劳的终将败落，不符其实而享有显赫名声的有危险。福利荣乐，上天主使它；祸害苦辱，人自取它。

【评述】

见利思义与见利思害是面对利益反思其价值和代价的行为。义和利问题，讲的是道德原则和物质利益的关系问题。义，一般指合乎正义和公益的或公正合宜的道理或举动。利，是指物质利益。见利思义，是指见到利益，应首先想一想符不符合道义，该取的可以取，不该取的不应据为己有，即先义然后利。见利思害，就是图谋利益时先思考是否合理合法，违背道德法则的就是有害的，不应以缺德害法谋取不正当的利益。经常进行见利思义与见利思害的反思，做到拒腐蚀永不沾，干干净净做人，是廉洁自持的修养行为。

中饱旁蠹，廉政之害

【原文】

天下无数百年不敝之法，亦无穷极不变之法，亦无不易简而能变通之法。求诸末者烦而难，反其本者顺而易。利出于三孔者民贫，利出于二孔者国贫，利出于一孔者国与民交利。必曰尽收中饱旁蠹之利权以归于上下，必轻成本以减岸价，减岸价以敌邻私①，鹾务②终无大鬯③之时，计臣终无报功之日。故推其本原，核其赢绌④，切其事证，著为四议。[1]

【注释】

①邻私：清代盐法规定，盐场产盐，应向指定地区运销，如果把相邻地区盐场的盐运入，称为私盐，即为“邻私”。

②鹾（cuó）务：盐务。

③鬯（chàng）：同“畅”。

④赢绌：犹增减、伸屈、进退；有时指盈余和亏损。

【译文】

天下没有数百年没有弊端的法，也没有永远不变的法，也没有不平易简约而能变通的法。追求细枝末节就烦琐而艰难，返归其根本就顺利而容易。利出于三个渠道的百姓贫穷，利出于两个渠道的国家贫穷，利出于一个渠道的国家与百姓共同受益。必须指出，全部收回中饱旁蠹者的利权，缴还归于上级或下放到百姓，必须通过降低成本来降低岸价，以减岸价以抵制相邻地区的盐运涌入，盐务终究没有十分畅通的时候，掌管账务的臣工终归没有报告功劳的时候。所以推究本原，核算它的赢亏，搞清楚它的事例佐证，写成四议。

---

〔1〕《魏源集·淮南盐法轻本敌私议自序》，第443—444页。

【评述】

中饱阶层和旁蠹集团，是损害廉政建设的两类蛀虫。中饱阶层上欺下夺，旁蠹集团吞食公益，它们都以最自私的心态、最卑劣的手段谋取私利，不惜以毁弃整个社会的健康发展为代价。廉政建设必须清除这样的祸患。

第四节　太平天国

【政权简介】

太平天国（1851—1864，自称太平天国，其中的“国”字和一般的书写笔画不同，“囗（wéi）”字里面是一个“王”，是指一个国家里有王在内；另外“天”字中的横画是上长下短）是由洪秀全（称号“天王”）所建立的政权，前身为1843年创立的“拜上帝会”。1851年成立太平天国，1853年建都天京（今南京），曾占领长江中下游地区。至1864年天京陷落止，计存在十三年。太平天国是以西方宗教名义组织的农民起义。1961年，江苏人民出版社出版《太平天国印书》。1979年，中华书局出版《太平天国文书汇编》。

大道之行，天下为公

【原文】

原道醒世训

……世道乖漓[①]，人心浇薄[②]，所爱所憎，一出于私。……世道人心至此，安得不相陵相夺相斗相杀而沦胥以亡③乎！无他，其见小，故其量小也。……是故孔丘曰："大道之行也，天下为公，选贤与能，讲信修睦。故人不独亲其亲，不独子其子，使老有所终，壮有所用，幼有所长，鳏寡孤独废疾者皆有所养。男有分，女有归。货恶其弃于地也，不必藏于己；力恶其不出于身也，不必为己。是故奸邪谋闭而不兴，盗窃乱贼而不作，故外户而不闭，是谓大同。"④而今尚可望哉![1]

【注释】

①乖漓：犹败坏。

②浇薄：（人情、风俗）刻薄，不淳厚。

③沦胥以亡：相率而亡，同归于尽。语出《诗·大雅·抑》："肆皇天弗尚，如彼泉流，无沦胥以亡。"沦胥，相率牵连。以，而。

④"大道……大同"一段：出自《礼记·礼运》。鳏，原文为矜（guān）；"奸邪"二字原文无。与（jú），通"举"，举荐、选拔之意。鳏，老而无妻的人；寡，老而无夫的人；孤，幼而无父的人；独，老而无子的人。分，职分，指职业、职守。归，女子出嫁。乱，指造反。贼，指害人。作，兴起。

【译文】

原道醒世训

……世道败坏，人心刻薄，所爱所憎，全都源于私心私利。

---

〔1〕《太平天国印书·太平诏书》，江苏人民出版社1979年5月第1版（下同），第15—16页。

……世道人心到了这步田地，怎能不互相欺凌抢夺、互相争斗厮杀而同归于灭亡呢！没有其他原因，他们的见识短浅，因此他们的气量狭小。……所以孔丘说：“在大道施行的时候，天下是人们所共有的，把贤德的、有才能的人选拔出来（给大家办事），人人讲求诚信，崇尚和睦。因此人们不单奉养自己的父母，不单抚育自己的子女，而要使（所有的）老年人能终其天年，中年人能为社会效力，幼童能顺利地成长，使鳏寡孤独和残疾人都能得到供养。男子要有职业，女子要有归宿（及时婚配）。（人们）憎恶财货被丢弃在地上的现象（而要去收贮它），却不一定自己私藏；（也）憎恶那种在共同劳动中不肯尽力的行为，不一定为自己谋私利。这样一来，就不会有人搞奸诈邪恶的阴谋，不会有人盗窃财物和兴兵作乱，（家家户户）都不用关大门了，这就叫做‘大同’社会。”如今（这样的理想社会）还可以祈望吗?!

【评述】

胸怀见识宽广则“大道之行也，天下为公”，共筹大同之世；世道乖戾，人心浇薄，所爱所憎，一出于私，必致乱世。腐败之源，在于用公权谋私利。世道人心至此，必相凌相夺相斗相杀而导致同归于尽！因此，洪秀全以“上帝”之子的名义，呼吁天下凡间兄弟姊妹跳出邪魔之鬼门，循行上帝之真道，再造太平之世。

《原道醒世训》以儒家典籍中的“天”、“帝”、“上帝”等字眼比附基督教上帝，塑造了一个“神天上帝”并赋予他主宰世界一切的权能，欲借助它的威力，试图建立一个太平盛世，反映了近代中国农民阶级的政治诉求。但是，因为没有科学理论指导，不能正确地付诸实践，这种政治诉求只能是一枕空梦。

纪律严明，有令必行

【原文】

天王诏旨列后庚戌十二月初旬时在金田

天王令曰：

一、遵条命；二、别男行女行；三、秋毫莫犯；四、公心和傩①，各遵头目约束；五、同心合力，不得临阵退缩。〔1〕

【注释】

①和傩（nuó）：粤语方言，和睦、团结之意。

【译文】

庚戌十二月初旬，时在金田，天王下令说：

一、遵守规定和命令；

二、分别男行女行；

三、丝毫不能侵犯民众的利益；

四、公心和睦，各自遵守头目的约束；

五、同心合力，不能临阵退缩。

【评述】

这是洪秀全于1851年1月11日发动金田起义前颁发的诏令，强调起义军必须严格遵守纪律，谨遵号令。

---

〔1〕《太平天国文书汇编·五大纪律诏》，中华书局1979年8月第1版（下同），第31页。

农民运动具有很强的自发性，从自发上升为自觉的组织行为，纪律约束是必不可少的。纪律条款要切合实际，便于牢记，能够规范言行。五大纪律诏，简明扼要，切中实际，很有效力。

慎重人才，慎重勘验

【原文】

……敬接十月初七日颁发金谕一件，蒙我东王劳心，凡保举官员，必须查其平素历练老成，精明灵变，然后传该员前来，亲目勘验，观其言语举动，进退趋跄①，果勘胜任，再行保举禀奏回朝，毋得徇情滥保等因。仰见我东王慎重人才，无微不至。卑爵遵即谕明各官，嗣后凡有保举官员，毋得徇情滥保，有玷官方。以重人才而慎选举。时时亲为勘验，凛遵我东王金谕而行。[1]

【注释】

①趋跄：形容步趋中节。古时朝拜晋谒须依一定的节奏和规则行步。这里指行为举止。

【译文】

……敬接十月初七日颁发手谕一件，承蒙我东王操心，凡保举的官员，必须查明他平素的历练成熟不成熟，是否精明灵变，然后传该员前来，亲眼勘察考验，观听他的言语举动、进退行步是否中节。如果勘察考验确实胜任，再保举禀奏朝廷，不得徇情

〔1〕《太平天国文书汇编·燕王秦日纲为遵谕保举官员毋得徇情事覆东王杨秀清禀奏》，第228—229页。

滥加保举。我东王一向慎重于选拔人才，无微不至。卑职遵命立即谕明各官，以后凡有保举的官员，不得徇情滥保而玷污官方。因重人才而慎选举。时时亲自勘察考验，谨遵我东王手谕而行事。

【评述】

选才任官，事关重大，切勿徇情滥保，必须慎重勘验，务求其历练老成。如果徇私舞弊，必然造成干部队伍鱼龙混杂，严重削弱干部队伍的行为能力。吏治腐败是腐败之源，甄选官吏是为政之要。

劝诫士子，展才于势

【原文】

夫士居四民之首，才德兼备者为尚，德有余而才不足者次之，盖农工商贾莫不有才，而叩其中藏，察其实行，则乌乎有？故士之所以异乎庸众者惟在德。德也者，行真道而有得于心之谓。幼而学之则因德以裕才，壮而行之则因才以见德；德本也，才末也。古语云："士先器识而后文艺。"所当深究其本末，以克践士之实无愧士之名者一也。

然又不容以才德自矜也。德以积而愈高，才以敛而愈大，当知不仕无义，应怀报国观光，故修德于人所不见之地，而钦其德者早信其经纶之素具也；展才于势有可乘之时，而仰其才者群服其敷施之有本也。且夫德者何？敬天扶主忠孝廉节是也，是岂能假冒乎？才者何？顶天报国齐治均平是也，是岂能幸致乎？士不知此，必至陷溺凡情，迷惑世道，德非真德，才非真才，务悦世而不知敬天，徒徇人而不知事主，其何以为德？其何以为才？其何以为士？基督云“敬天爱人”，可包诸诫，惟涵养体行，比之良玉精金，所愿诸士子密尽夫涵养之功者二也。

特是有涵养之功，尤贵有坚耐之功。保罗云：“患难生强忍，强忍生练达，练达生希望，希望得则不启羞，静而存，动而察，其功宜交修焉。”夫事之顺逆不可知，遇之穷通不可必，处安乐甚易，处忧患甚难；正惟能处忧患，乃足以见士之德，乃足以彰士之才。古语云：“无恒产而有恒心者，惟士为能。”[1]又云：“正其谊不谋其利，明其道不计其功。”[2]要必富贵不能淫，贫贱不能移，威武不能屈，百折不回，至死不变，始可以坚耐到底。士也幸生太平之世，既遵天诫，宜识天情。天父[3]圣旨有云：“真福多蹇[4]。”天兄[5]圣旨有云：“越受苦，越威风。”所当坚心耐草以气节自重而守分安命者三也。

至于诵习书史，博览篇章，目染耳濡，课学即求心之道；通经致用，家修即廷献之资。文艺虽微，实关品学；一字一句之末，要必绝乎邪说淫词而确切于天教真理，以阐发乎新天新地之大观。惟举《旧遗诏圣书》、《新遗诏圣书》以及《天父天兄下凡诏书》、《天命诏旨书》、《天道诏书》时时讲明而熟识之。其他凡情诸书，业经钦定改正。天父前降有圣旨云：孔孟之书不必废，其中有合于天情道理亦多。既蒙真圣主御笔钦定，皆属开卷有益者，士果备而习焉，则焕乎有文，斐然成章。要求真本真源，在上帝大用之则大效，小用之则小效，必不使有用之才德置之无用之地，与草木同腐。所当孝顺于魂爷，常与天情相吻合而体用兼赅者四也。

若夫武士类皆绌于德而优于才，顾才亦不可误用也，德亦不可不讲也。武士之才在强，有德则强者和矣；武士之才在练，有德则练者精矣。我天朝《钦定武略》一书暨真圣主诏明大小兵法、水旱战法与干王⑥颁谕《兵要四则》，均为武士所宜习。盖干戈弓矢，武之具也，而力取不如用智；折冲⑦御侮，武之能也，而决胜恃乎运筹。以义理之勇，化血气之勇，知全敬上帝，自然同心同力同振天威也。棘闱⑧应试之人，天国干城⑨之选，所当谙兵政、识军机，以为武士相期者五也。

之五者，揆文⑩则足以辅国，奋武则足以诛妖，文士奉天提考⑪，必能革从前之陋习，使人心风俗底于淳，武士受命专征，必能靖海宇之残氛，使邪术迷途知自悔。将见士风日正，士气日扬，所由辅太平万万年一统江山，永顶纲常，永沐天父天兄鸿恩，永享真圣主真福，以仰副干王、列王教导之深心者，庶其在斯士也！各宜勉之，毋负厚望。[1]

【注释】

①“无恒产”一句：出自《孟子·梁惠王上》，意为没有固定的产业收入却能坚守道德和正确的行为准则，这一点只有士人才能够做到。

②“正其谊”一句：出自《汉书·董仲舒传》，意为端正义理而不谋求利益，申明道理而不计较功劳。谊，义。

③⑤天父、天兄：洪秀全模仿基督教形式创立拜上帝会，称上帝为天父，自谓与耶稣同为上帝之子，因称耶稣为天兄。

④蹇（jiǎn）：不顺利。

⑥干王：指太平天国后期领导人洪仁玕，1858 年受封为干王，

〔1〕《太平天国文书汇编·劝戒士子文》，第 337—338 页。

总理政事。

⑦折冲：使敌方的战车折还，意谓抵御、击退敌人。

⑧棘闱：亦作“棘围”，指科举时代的考场。唐、五代试士，以棘围试院以防弊端，故称。

⑨干城：盾牌和城墙，比喻捍卫者。

⑩揆（kuí）文：施行文教。

⑪提考：主考。写此文的李春发，时任总阅官，黄期陞任副总阅官。

【译文】

士子居四民之首，才德兼备者为上，德有余而才不足的为次。农工商贾没有无才的，而叩问他们的内心，考察他们的实际行为，那么还有些什么呢？所以士子之所以异于众人的只在道德。所谓道德，就是实行真道而心中有所得。幼小而学真道，那么德可以使才能富足；壮年而践行真道，那么德可以由才而彰显；德是本，才是末。古语说：“士先器识而后文艺。”所当深究士子的本末，能践行士子的实际而无愧士子的名号，这是第一。

然而又不容许以才德自夸。德因积累而越来越高，才因敛聚而越来越大，当知道不出仕是不义，应当怀有报国出世观念，所以在人所不见的地方修养德操，而敬重其德者早已相信他具备经纶才华了；在有势可乘的时候展示才能，而仰慕其才华的那些人佩服他施展才华有其归宿。况且德是什么呢？是敬天、扶主、忠孝、廉节，这些怎么能假冒呢？才是什么呢？是顶天立地、报效天国、齐家治国、均平天下，这些难道能侥幸得到吗？士子不懂得这个道理，必至于陷溺于俗人的情愫，迷惑于世道，德不是真德，才能不是真才能，专务讨好世人而不知道敬天，只为人徇私而不知事主，他怎么会有德呢？他怎么会有才能呢？他怎么会成为士子呢？基督说“敬天爱人”，可包括诸种劝诫，只有涵养品性身体力行，才可以比拟为良玉精金。希望各位士子密尽涵养的功夫，这是第二。

特别是有涵养的功夫，尤其贵有坚耐的能力。保罗说：“患难生强忍，强忍生练达，练达生希望，希望得则不招致羞，静而存之，动而察之，修养之功应该交相修炼。”事情的顺逆是不可知的，遭遇的穷通也是不可定的，处于安乐很容易，处于忧患很难；正是所谓能处忧患，才足以见士子的道德，才足以彰显士子的才能。古语说：“无恒产而有恒心者，惟士为能。”又说：“正其谊不谋其利，明其道不计其功。”一定是富贵不能淫，贫贱不能移，威武不能屈，百折不回，至死不变，才可以坚耐到底。士子有幸生于太平之世，既然遵守天的诫命，就应当认识天的性情。天父圣旨里说：“真福多蹇。”天兄圣旨里说：“越受苦，越威风。”所当坚心忍耐以气节自重而守分安命，这是第三。

说到诵读经典，博览群书，则耳濡目染，学习就是明心的正道；通晓经书并能实际运用，家传之学就是呈献天朝的资本，文艺虽然卑微，实是关系到品德和学问；一字一句之末，一定要绝离于邪说淫词而与天教真理相切合，来阐发新天新地的大观念。诸如《旧遗诏圣书》、《新遗诏圣书》以及《天父天兄下凡诏书》、《天命诏旨书》、《天道诏书》等，应当时时讲明而熟识其中的道理。其他凡人情感的各种书，已经经过钦定改正。天父先前降有圣旨说：孔孟之书不一定废掉，其中合于天情道理的也多。既然经圣主御笔的钦定，都属于开卷有益的，士子果真备有并学习它，则焕然有文采，斐然而成文章。要求真本真源，上帝大用它则有大效果，小用它则有小效果，一定不使有用的才德之人被置于无用武之地而与草木同腐。所当孝顺于魂爷，常与天情相吻合而体用兼备，这是第四。

说到武士，大都道德修养不足而才能有余，但他们的才能也不能误用，道德修养也不能不讲求。武士之才在强大，如果有道德修养，强者也就均衡和谐；武士的才能在于练，有道德练得才会精湛。我天朝《钦定武略》一书就是圣主诏明的大小兵法、水旱战法与干王颁发的《兵要四则》，都是武士所应习用的。干戈弓矢，是武士的武器，而凭借力量攻取不如用智慧获取；折冲御侮，是武士的才能，而决胜依靠的是运筹。用义理的勇，化解血气的勇，知道全敬上帝，自然同心同力同振天威。考场应试的人，天国捍卫者的人选，所当熟悉兵政、识军机，以此作为武士的期望，这是第五。

这五点，施行文教则足以辅国，振奋武事则足以诛杀妖孽。文士奉天命主考，一定能革新从前的陋习，使人心风俗归于淳朴。武士受命专事征伐，必能靖安海内的残局，使邪术迷途之人知道悔恨。将能看见士风日渐正派，士气日渐弘扬，所用来辅助太平万万年一统江山，永顶纲常，永远沐浴天父天兄的大恩，永远享用真圣主的真福，以不辜负干王、列王教导的深刻用心的人，大概就是这些士子吧！每个士子都应当努力呀，不要辜负（我的）厚望。

【评述】

天下士人是各种政权的辅助支撑力量，在文明古国尤为如此。

太平军劝诫天下士子出仕，为太平天国服务。通过道德文章的典范——士人的支持和服务，使政权得以站稳脚跟，图谋发展，是中国政治的主旋律。中国古代选官，历来提倡德为才帅。而太平天国创造了魂父、魂爷的名词以称上帝。魂父、魂爷是比生身父母更为重要的，因为人只有有了灵魂，才得以区别于万物，成为万物之灵。文中倡导的要注重道德修养，也就是要“孝顺于魂爷”，这就把士人的价值取向统一到太平天国的政治纲领上了。

审时度势，资政新篇

【原文】

……

用人察失类

一禁朋党之弊。朝廷封官设将，乃以护国卫民、除奸保良者也。倘有结盟联党之事，是下有自固之术，私有倚恃之端，外为假公济私之举，内藏弱本强末之弊。为兵者行此，而为将之军法难行；为臣者行此，而为君之权谋下夺，良民虽欲深倚于君，无奈为所隔绝，是不可以不察也。倘欲真知其为朋奸者，每一人犯罪，必多人保护隐瞒，则宜潜消其党，勿露其形。或如唐太宗之责尉迟恭以汉高故事，或如汉文之责吴不会[①]而赐杖以愧之，亦保全之一道也。若发泄而不能制，反遭其害，贻祸不浅矣。倘至兵强国富，俗厚风淳之日，又有朝发夕至之火船火车，又有新闻篇以泄奸谋，纵有一切诡弊，难逃太阳之照矣。

甚矣，习俗之迷人，贤者不免，况愚者乎！即至愚之辈，亦有好胜之心，必不服人所教。且观今世之江山，竟是谁家之天下？

无如我中华之人，忘其身之为华，甘居魑妖之下，不务实学，专事浮文，良可慨矣！请试言之：文士之短简长篇，无非空言假话；下僚之禀帖面陈，俱是谗谄赞誉；商贾指东说西，皆为奸贪诡谲；农民勤俭诚朴，目为愚妇愚夫；诸如杂教九流，将无作有；凡属妖头鬼卒，喉舌模糊。到处尽成荆棘，无往不是陷坑。倘得真心实力，众志成城，何难亲见太平景象，而成为千古英雄，复见新天新地新世界也夫。

风风类

夫所谓“以风风之”者，谓革之而民不愿，兴之而民不从，其事多属人心蒙昧，习俗所蔽，难以急移者，不得已以风风之，自上化之也。……

法法类

所谓“以法法之”者，其事大关世道人心，如纲常伦纪、教养大典，则宜立法以为准焉。是下有所趋，庶不陷于僻矣。然其不陷于僻而登于道者，必又教法兼行。如设书信馆，以通各省郡县市镇公文；设新闻馆以收民心公议，及各省郡县货价低昂，事势常变。上览之，得以资治术；士览之，得以识变通；商农览之，得以通有无。昭法律，别善恶，励廉耻，表忠孝，皆借此以行其教也。教行则法著，法著则知恩，于以民相劝戒，才德日生，风俗日厚矣。此立法善而施法广，积时久而持法严，代有贤智以相维持，民自固结而不可解，天下永垂而不朽矣。然立法之人，必先经磨炼，洞悉天人性情，熟谙各国风教，大小上下，源委重轻，无不了然于胸中者，然后推而出之，乃能稳惬[2]人情也。若恐其久而有差，更当留一律以便随时损益小纪，彰明大纲也。盖律法者，无定而有定，有定而无定，如水之软，如铁之硬，实加人心之有定而无定，世事之无定而有定，此立法所以难也，此生弊所以易也。

然则如何而后可以立法？盖法之质，在乎大纲，一定不易；法之文，在乎小纪，每多变迁。故小人坏法，常窥小者无备而掠为己有，常借大者之公以护掩己私。然此又在奉法执法行法之人有以主之，有以认真耳。至立法一则，阁下自可心领灵会，而法在其中矣。

又有柔远人之法。凡外邦人技艺精巧，邦法宏深，宜先许其通商，但不得擅入旱地，恐百姓罕见多奇，致生别事。惟许牧司等并教技艺之人入内，教导我民，但准其为国献策，不得毁谤国法也。

……

一、要自大至小，由上而下，权归于一，内外适均而敷于众也。又由众下而达于上位，则上下情通，中无壅塞弄弊者，莫善于准卖新闻篇或暗柜[③]也。法式见下。

……

一、兴各省新闻官。其官有职无权，性品诚实不阿者。官职不受众官节制，亦不节制众官，即赏罚亦不准众官褒贬。专收十八省及万方新闻篇有招牌图记者，以资圣鉴，则奸者股栗存诚，忠者清心可表，于是一念之善，一念之恶，难逃人心公议矣。人岂有不善，世岂有不平哉！

……

一、罪人不孥[④]。若讯实同情者及之，无则善视抚慰之，以开其自新之路。若连累及之，是迫之使反也。

……

一、禁私门请谒，以杜卖官鬻爵之弊。凡子臣弟友，各有分所当为，各有奉值，各有才德，各宜奋力上进，致令闻外著，岂可攀援以玷仕途。即推举者亦是为国荐贤，亦属分内之事，既得俸值，何可贪赃？审实革职，二罪俱罚。

一上所议，是“以法法之”之法，多是尊五美、屏四恶之法。诚能上下凛遵，则刑具可免矣。虽然，纵有速化，不鲜顽民，故又当立“以刑刑之”之刑。

刑刑类

一、善待轻犯。宜给以饮食号衣，使修街渠道路，练其一足，使二三相连，以差人执鞭刃掌管。轻者移别县，重者移郡移省，期满释回，一以重其廉耻，二以免生他患，庶回时改过自新。此恩威并济之法也。

一、议第六天条曰“勿杀”。盖谓天父有赏罚于来生，人无生杀于今世。然天王为天父所命以主理世人，下有不法，上（不）可无刑。是知遭刑者非人杀之，是彼自缚以求天父罚之耳。虽然，为人上者，不可不亲身教导之也。

一、议大罪宜死者，置一大架圈其颈，立其足，升至桅杆顶，则去其足下之板，以吊死焉。先彰其罪状并日期，则观者可以股栗自儆，又少符勿杀之圣诫焉。

一、十款天条治人心恶之未形者，制于萌念之始。诸凡国法治人身恶之既形者，制其滋蔓之多。必先教以天条，而后齐以国法，固非不教而杀矣，亦必有耻且格尔。

一、与番人并雄之法。如开店二间，我无租值，彼有租值，我工人少，彼工人多，我价平卖，彼价贵卖，是我受益而彼受亏，我可永盛，彼当即衰，彼将何以久居乎？况我已有自固之策，若不失信义二字足矣，何必拘拘不与人交接乎？是浅量者之所为也。

虽然，亦必有一定之章程，一定之礼法，方不致妄生别议。但前之中国不如是焉，毫无设法，修葺补理，以致全体闭塞，血脉不通，病其深矣。今之人心风俗，皆非古昔厚重之体，欲清其病源，既不可得，即欲峻补，其可得乎！[1]

【注释】

①不会：不以时朝见天子，不必按时来上朝。

②稳惬：妥帖恰当，这里指稳定使满意。

③暗柜：检举箱，意见箱。

④孥（nú）：株连。

【译文】

……

用人察失类

彻底严禁朋党弊端。朝廷封官设将，是用来护国卫民、除奸保良的。如果有结盟联党的事，是下面有拥众自固的办法，私下有仗势欺人的迹象，外有假公济私的举动，内藏弱本强末的弊端。当兵的这样做，而做将领的军法难以实行；为臣的这样做，而为君的权谋就会被下面侵夺，良民虽想完全倚靠君上，无奈被隔绝，这是不可以不洞察的。倘若想真知朋比为奸的，每一个人犯罪，必有多人保护隐瞒，就应当暗地不动声色地消除他的朋党，不使其露出原形。或者如唐太宗的以汉高祖惩治韩信的故事责劝尉迟恭，或如汉文帝用赐杖而使其惭愧的办法责劝吴王刘濞不按期来

〔1〕《太平天国印书·资政新篇》，第677—692页。

朝，也只是图谋保全的一个方法策略。如果发泄而不能控制，反遭受其害，贻祸不浅。倘若到了兵强国富、俗厚风淳的时候，又有朝发夕至的火船火车，又有新闻篇以揭露奸谋，纵有一切诡弊，难逃阳光的照射。

厉害呀，习俗的使人迷惑，贤人不能免，何况愚人呢！就是最愚蠢的人，也有好胜之心，一定不信服他人的教悔。况且观看今世的江山，究竟是谁家的天下？没有像我中华之人一样，忘记自己是中华之人，甘居清妖之下，不追求实学，专事浮文，很是可叹哪。请让我试为言说：文士的短简长篇，不过是空言假话；下僚的禀帖面陈，都是巴结奉承的赞誉；商贾的指东说西，都是奸贪的诡谲之语；农民的勤俭诚朴，被视为愚妇愚夫，诸如杂教九流，把无当做有；凡是属于妖头鬼卒的，喉舌都是模糊的。到处尽成荆棘，无处不是陷坑。如果能真心实力，众志成城，那么，亲自见到太平的景象而成为千古英雄，再见到新天新地新世界有什么难的呢。

风风类

所谓“以风风之”，是说革新它而百姓不愿意，兴盛它而百姓不听从，其事多属于人心蒙昧，为习俗所蒙蔽，难以急忙移除的，不得已才以风风之，自上化之。……

法法类

所谓“以法法之”，其事大大关系到世道人心，如纲常伦纪、教养大典，则应该立法以为准绳。这样下面有所归向，也许就不会不陷于偏僻了。然而其不陷于偏僻而登上世道的，必然又是教育、法律兼行。如设立书信馆，以通邮各省郡县市镇的公文；设立新闻馆，以收民心公议，以及各省郡县货价的高低、事势的恒常和变化。君上观览，用来资养治理；士子观览，用来认识变通；商农观览，用来通有无。昭明法律，区别善恶，奖励廉耻，彰表忠孝，都是借此以行其教育。教育推行则法律昭著，法律昭著则知道君恩，因此百姓互相劝诫，才德一天天地增长，风俗一天天地淳厚。这是立法善而施法广，积时久而持法严，代代有贤智之人而相互维持，百姓自然固结而不可分裂，天下永垂而不朽了。然而立法的人，必然先经过磨炼，洞悉天人的性情，熟谙各国的风教，大小上下，源委重轻，无不了然于胸中，然后推而出之，才能人情稳定满意。如果恐怕时间长了而有差错，更应当留一法律以便随时损益小的法纪，彰明大的纲领。律法，是无定而有定的，是有定而无定的，如水的软，如铁的硬，实加人心的有定而无定，世事的无定而有定，这是立法所以难而弊端容易产生的原因。

然而如何而后可以立法呢？法律的本质，在于大纲性，一经确定而不变易；法律的条文，在于细小的法规往往反复多变。所以小人破坏律法，常常窥伺细微之处不够完备而掠为己有，常借大家的公心以庇护遮掩自己的私心。然而这又是奉法执法行法的人需要做主、认真对待的地方。至于立法一则，阅读下文自然可以心领神会，而法就在其中了。

又有怀柔远人的办法。凡外邦人的技艺精巧，邦法宏深，应当先允许他通商，但不能擅自进入旱地，恐怕百姓少见多怪，节外生枝，滋生事端。只许牧师等和传授技艺的人入内，教导我百姓，只允许他们为国家献策，不能毁谤国法。

……

一、要自大至小，由上而下，权归于中央，内外平均而普及大众。又由处于底层的众人而进于上位，则上情与下情沟通，中间没有壅塞舞弊的，没有比准卖新闻篇或意见箱更好的了。方法见下。

……

一、兴立各省新闻官。其官有职无权，使用性品诚实不曲从的人。官职不受众官的节制，也不节制众官，即是赏罚也不准众官褒贬。专收十八省及各方有招牌图记的新闻篇，以供圣上鉴览，则奸诈的人心惊胆战而不能不存有诚心，忠诚的人心里清纯天日可见，于是一念之间的善，一念之间的恶，难逃人心的公开议论。因此，人哪里还有不善，世间哪里还有不平啊！

……

一、犯罪不株连。如果经讯问确属同案犯的则逮捕，没有通同作案的则好好抚慰他，以打开他自新的路。如果株连而逮捕他，则会逼迫他走向反面。

……

一、禁止私门请谒，以杜绝卖官卖爵的弊端。凡是子臣弟友，各有该做的分内之事，各有俸禄，各有才德，都应奋力上进，让好的名声外扬于世，怎么可以互相攀援以玷污仕途。就是推举人的也是为国家推荐贤才，也是属于分内之事，既已得到俸禄，怎么可以贪赃呢？审察属实即行革职，两种罪一并惩罚。以上所议，是“以法法之”的办法，多是尊崇五美、摒除四恶的办法。果真能够上下严肃遵行，那么刑具就可以免除了。虽然这样，纵然有较快的变化，顽固的人也少不了，所以又当设立“以刑刑之”的刑罚。

刑刑类

一、善待轻犯。要给他们饮食囚衣，让他们修街渠道路，将他们的一只脚用链子绑在一起，让他们两三个人在一起，派差人执鞭拿刀看管。轻的移到其他县，重的移到外郡外省，期满后放回，一是让他看重廉耻，二是免得发生其他祸患，放回时差不多已经改过自新。这是恩威并用的方法。

一、议定的第六天条是“勿杀”，是说天父有赏罚人于来生，人自己没权在今世杀人。然而天王被天父所任命以管理世人，百姓有不法行为，国家不能没有刑罚。要知道遭受刑罚的不是人要杀他，是他自己捆缚自己以请求天父惩罚他。虽然这样，作为百姓的管理者，不能不亲身教导他们。

一、议定大罪应该处死的人，放置一大支架，用绳圈住他的脖颈，竖立他的脚，升到桅杆顶部，去掉他脚下的木板，来吊死他。先讲清他的罪状和处死的日期，则观看的人可以战战兢兢自我警戒，又可略微符合不杀的圣诫。

一、十款天条控制心中的恶还没有形事实成之时，制止于萌芽念头的开始。凡是国法惩治罪犯于犯罪事实已经形成之时，并制止犯罪的滋长和蔓延扩散。一定先教给他们天条，而后以国法来要求，本来不是不教而杀，而是一定激发他的知耻之心来自我检点而归于正道。

一、与外国人并雄的法规。如开店两间，我无租金，他有租金，我的工人少，他的工人多，我的价格一般，他的价钱贵，是我受益而他吃亏，我可以永远兴盛，他会很快衰败，他将怎么可以长久居住呢？况且我已经有了自我加固的策略，只是不失信义二字就足够了，何必谨小慎微不与人交往接触呢？这是器量浅的人所做的。虽然这样，也必须有一定的章程、一定的礼法，才不致妄生其他的议论。但从前的中国不是这样的，一点儿也没有设立法规，修修补补，以致整体闭塞，血脉不通，病很深了。今天的人心风俗，都不是古代的厚重之体了，想要清除他的病源，既不可能，就是想极力修补，难道就可以成功吗?

【评述】

“因时制宜”四个字是《资政新篇》的总精神，也是这篇文章的理论上的大前提。《资政新篇》是洪仁玕提供给太平天国的一份执政纲领，凝聚着时代的任务要求。洪仁玕针对当时物质、政治与精神生活均落后于世的实际，提出了发展近代化的方案，在道德、法制和生产建设方面颇有实际可行的举措。在反腐倡廉方面，《资政新篇》提出了用人察失、移风易俗、道德与法制建设双管齐下、建设有社会监督的制度框架等创新性方式方法，对于传统中国的廉政建设极具开拓意义。

浮文巧言，立当革除

【原文】

……文以纪实，浮文所在必删；言贵从心，巧言由来当禁。……是以前蒙我真圣主降诏：凡前代一切文契书籍不合天情者，概从删除，即“六经”等书亦皆蒙御笔改正。非我真圣主不恤操劳，诚恐其诱惑人心，紊乱真道，故不得不亟于弃伪从真，去浮存实，使人人共知虚文之不足尚，而真理自在人心也。[1]

---

〔1〕《太平天国文书汇编·戒浮文巧言谕》，第100—101页。

【译文】

……文章是用来记录实情的，浮华不实的文字所在必删；说话贵在发自内心，花言巧语从来应当禁止。……所以前蒙我真圣主降诏：凡前代一切文契书籍不合天情者，一概删除，即使“六经”等书，也都承蒙御笔改正。不是我真圣主不体恤操劳之苦，实在是怕它诱惑人心，紊乱真道，因此不得不急迫地弃伪从真，去浮存实，使人人皆知虚浮的文风不值得崇尚，而真理自在人心。

【评述】

文风、会风、个人作风，是社会心理的写照，端正社会风气，必须禁止花言巧语、繁文缛节，必须大兴朴实明晓、实叙其事、语句确凿、直言其道的文风。作风影响行为，行为引发后果，作风建设可谓重要之极！

第五节　曾国藩

【人物简介】

曾国藩（1811—1872），初名子城，字伯涵，号涤生，湖南湘乡人。道光十八年（1838 年）会试中，朝考拔置进士第二名。曾任内阁学士兼礼部侍郎等职。咸丰三年（1853 年）年初，接帮办湖南团练旨，很快扩编为湘军。翌年赏兵部侍郎衔。咸丰十年委授两江总督，并以钦差大臣督办江南军务，随即发起洋务运动。咸丰十二年，任协办大学士。同治三年（1864 年），湘军攻陷天京，太平军宣告失败。曾国藩赏加太子太保、一等侯爵。翌年，以钦差大臣的重权身份督师剿捻。同治六年补授体仁阁大学士，翌年改授武英殿大学士、调任直隶总督。同治九年复调任两江总督。同治十一年去世。清廷闻讣，辍朝三日。追赠太傅，谥文正。《清史稿·曾国藩传》评价说：“国藩事功大于学问，善以礼运。”毛泽东说他是一个“办事（干出事业）而兼传教（留下思想学说）之人”。1985 年至 1994 年，岳麓书社出版《曾国藩全集》三十册。

始于修身，终于济世

【原文】

……为学之术有四：曰义理，曰考据，曰辞章，曰经济。义理者，在孔门为德行之科，今世目为宋学者也。考据者，在孔门为文学之科，今世目为汉学者也。辞章者，在孔门为言语之科，从古艺文及今世制义诗赋皆是也。经济者，在孔门为政事之科，前代典礼、政书及当世掌故皆是也。……其文经史百家，其业学问思辨，其事始于修身，终于济世，百川异派，何必同哉？同达于海而已矣。〔1〕

【译文】

……做学问的途径有四种：义理、考据、辞章和经济。所谓义理，在孔门属于关于德行的科目，即今天所认为的宋学。所谓考据，在孔门属于关于文学的科目，即今天认为的汉学。所谓辞章，在孔门属于关于言语的科目，从古代的艺文到今天的时文与

〔1〕《曾国藩全集》第 14 册《劝学篇示直隶士子》，岳麓书社 1986 年 12 月第 1 版，1995 年 12 月第 3 次印刷（下同），第 442— 443 页。

诗赋都是。所谓经济，在孔门属于关于政事的科目，前代的典礼、政书以及今天的掌故都是。……一个士子文章要学习经史百家，学业要学、问、思辨，事业要始于修身养性，终于济世安民。天下河流各有各的流向，为什么一定要相同呢？最后都流入大海罢了。

【评述】

士子所学，术业各有专攻，而各门术业的总的目标及其修养都是一致，即一方面求得业务专长，一方面养成道德。总的途径就是立志以植基，居敬以养德，穷理以致知，克己以力行，成物以致用。因此，道德修养十分重要，不可或缺。所谓“始于修身，终于济世”。

习而之善，自省自新

【原文】

贤与不肖之等奚判乎？视乎改过之勇怯以为差而已矣。日月有食，星有离次[①]。其在于人，言有尤，行有悔，虽圣者不免。改过什于人者，贤亦什于人；改过伯于人者，贤亦伯于人。尤贤者，尤光明焉；尤不肖者，怙终焉而已。

人之生，气质不甚相远也，习而之善，既君子矣。其有过，则其友直谏以匡之。又有友焉，巽言[②]以挽之。退有挞，进有旌，其相率而上达也，奚御焉？习而之不善，既小人矣。其有过，则多方文之。为之友者，疏之则心非而面诶[③]，戚[④]之则依阿[⑤]苟同，惮于以正伤恩。其相率而下达也，奚御焉？兹贤者所以愈贤，而不肖者愈不肖也。[1]

【注释】

①离次：擅离职守。

②巽（xùn）言：语本《论语·子罕》：“巽与之言，能无说（yuè）乎？绎之为贵。”后因以“巽言”谓恭顺委婉的言词。

③面谀：当面恭维。

④戚：亲近。

⑤依阿：曲从附和。

【译文】

贤与不贤的差别如何判断呢？根据改正过错时的勇敢与胆怯作为差别罢了。太阳有日食，月亮有月食，星星也会有位置的移动。就人而言，说话有过错，行为有过失，即使是圣人也难以避免。勇于改过超过人十倍的，他的贤明也超过人十倍；勇于改过超过人一百倍的，他的贤明也超过人一百倍。特别贤明的人，也特别光明；特别不肖的人，终不悔改而已。

人的一生，气质相差不远，通过学习达到善的境界，就是君子。如果有过错，那么他的朋友直谏来匡正他。又有朋友，用恭顺委婉的言词挽救他。向后退有人鞭挞，向前进有人表扬，他们互相影响而进步，什么能抵挡得住呢？通过学习至于不善，就是小人。他有过错，就想尽办法文过饰非。作为他的朋友，疏远他的，心里认为他不对而当面恭维，亲近他的，曲从附和而苟同他，

---

〔1〕《曾国藩全集》第14册《召诲》，第150页。

害怕以正义伤害恩情。他们相互影响而堕落退步，什么能抵挡得住呢？这就是贤明的人所以愈来愈贤明，而不贤明的人愈来愈不贤明的原因。

【评述】

人之天赋气质本无多大差别，关键在于后天的学习培养，一定要保持一种向善的追求，反之就成了“小人”。人人都会有过失、犯错误，可贵的是能够自我反省，悔过自新。能否悔过自新，是衡量一个人贤还是不肖的一个标准。

君子慎独，积诚为慎

【原文】

尝谓独也者，君子与小人共焉者也。小人以其为独而生一念之妄，积妄生肆，而欺人之事成。君子懔①其为独而生一念之诚，积诚为慎，而自慊②之功密。[1]

【注释】

①懔：害怕。

②自慊（qiè）：自足，自快。慊，满足，满意。

【译文】

曾经说过的独处，是君子与小人所共有的。小人因他的独处

〔1〕《曾国藩全集》第14册《君子慎独论》，第181页。

而产生一念之间的狂妄，积累狂妄而行为放肆，进而欺骗人的事便成了。君子害怕他的独处而产生一念之间的诚实，积累诚实而为谨慎，进而自己满意的功德越来越多。

【评述】

君子入德之方在于能够慎独。慎独是一种表里如一、诚实可信品质的修炼，即在独处的时候仍能够虔诚自制，日久天长，积德行善，成就值得世人尊敬的人格。君子与小人的一个区别就在于，君子于独处之地，慎之又慎；小人则肆意妄为，欺天瞒人。

转移习俗，陶铸一世

【原文】

风俗之厚薄[①]奚自乎？自乎一二人之心之所向而已。民之生，庸弱者，戢戢[②]皆是也。有一二贤且智者，则众人君之[③]而受命焉，尤智者所君尤众焉。此一二人者之心向义，则众人与之赴义；一二人者之心向利，则众人与之赴利。众人所趋，势之所归，虽有大力，莫之敢逆。故曰："挠万物者，莫疾乎风[④]。"风俗之于人之心，始乎微，而终乎不可御者也。

……

然则转移习俗而陶铸[⑤]一世之人，非特处高明之地者然也。凡一命以上，皆与有责焉者也。有国家者，得吾说而存之，则将慎择与共天位之人；士大夫得吾说而存之，则将惴惴乎谨其心之所向，恐一不当，而坏风俗，而贼人才。循是为之，数十年之后，万有一收其效者乎，非所逆睹已。[1]

【注释】

①厚薄：淳厚朴实与浮薄衰弱。

②戢（jí）戢：密集貌。

③君之：以之为君，尊敬他。

④挠万物者，莫疾乎风：出自《易·说卦传》，意思是：搅动万物的，没有比风更猛烈的了。挠，搅动，动摇。疾，急速，猛烈。

⑤陶铸：制作陶范并用以铸造金属器物，比喻造就、培育。

【译文】

风俗的淳厚或浮薄源自什么？来自一两个人的心理归向罢了。百姓的生活，平庸懦弱的，比比皆是，遍布各处。有一两个贤能且有才智的，众人尊敬他且听命于他；越是智慧的人，服膺他的人就越多。这一两个人的心理仰慕义，那么众人就与他一起践行义；这一两个人的心理逐求私利，那么众人就与他一起追求私利。众人的心理趋向，就是社会情势的归向，即使有再大的力量，也没有敢于违逆的。所以说："搅动万物的，没有比风更猛烈的了。"风俗对于人心的影响，始于细微之处，而最终却有不可抵挡之势。

……

然而扭转习俗而造就一世人才的人，不一定非得是处于显赫

〔1〕《曾国藩全集》第14册《原才》，第181—182页。

地位的人。凡是有一官半职的人，都有责任。掌管国家的人，按照我的说法而留心，就将要谨慎选择共处高位的人；士大夫按照我的说法而留心，就将小心谨慎地控制自己心灵的归向，恐怕稍有不当，而败坏风俗，而毁害人才。按此下去，数十年之后，万一有所收效，这不是我所能预见到的。

【评述】

社会风尚始乎微，而终乎不可御者也。转移习俗，难乎其难，非有大力之人才和大力之措施而不能为之。所以，能够陶铸一世、移风易俗的才是最宝贵的人才。曾国藩致力陶铸人才，转移风气。他在咸丰九年（1859 年）九月二十四日的日记中说："是日，与李甲夫言人材以陶冶而成，不可眼孔太高，动谓无人可用。"并以作字、作文、打仗为例，说明一切"皆视乎在上者一人之短长，而众人之习随之为转移"。所谓"君子之德风，小人之德草，草上之风，必偃"；上有好者，下必有甚焉，可作为人才与风气转移之注脚。

尽心养性，一秉乎礼

【原文】

古之君子之所以尽其心、养其性者，不可得而见；其修身、齐家、治国、平天下，则一秉乎礼。[1]

---

〔1〕《曾国藩全集》第 14 册《笔记二十七则 · 礼》，第 358 页。

【译文】

古代的君子是如何能尽他的良心、培养他的性情的，现在已不能够见到；他们的修身、齐家、治国、平天下，则都是依据礼。

【评述】

《礼记·礼运》中讲："饮食男女，人之大欲存焉。死亡贫苦，人之大恶存焉。故欲恶者，心之大端也。人藏其心，不可测度也；美恶皆在其心，不见其色也。欲一以穷之，舍礼何以哉?"因此，孔子曾说礼是古代的圣贤们禀承天理之规则所制定，用以治理"人之情"的。礼用于约束人的本能及恶欲。后来，演化生成了礼仪，又后来成了繁文缛节的礼。正本清源，礼是加强人的自我修养的一种手段。

多赦不可以治民，溺爱不可以治家，宽纵不可治军

【原文】

……知小仁者，大仁之贼，多赦不可以治民，溺爱不可以治家，宽纵不可治军。[1]

【译文】

……知道小仁是大仁的祸害，多赦免不能用来治理百姓，溺爱不能用来治理家庭，宽纵不能治理军队。

---

〔1〕《曾国藩全集》第14册《笔记二十七则·赦》，第359页。

【评述】

祛邪方能扶正，宽宥并非仁政。《易》有言君子以赦过宥罪，孟子也云赦小过、举贤才，但是，对错误罪恶不做惩戒，却施以小恩小惠，就会放弃原则，等于妥协退让，结果往往导致邪不压正，混淆是非，难以激浊扬清，所以多赦不可以治民，溺爱不可以治家，宽纵不可治军。

君子之泽，可大可久

【原文】

士大夫之志趣、学术果有异于人者，则修之于身，式①之于家，必将有流风余韵传之子孙，化行乡里，所谓君子之泽也。……国藩窃以为稼穑②之泽，视诗书、礼让之泽尤为可大、可久。吾祖光禄大夫星冈公尝有言曰："吾子孙虽至大官，家中不可废农圃旧业。"懿③哉至训，可为万世法已。[1]

【注释】

①式：榜样，模范。

②稼穑：农事的总称。春耕为稼，秋收为穑，即播种与收获。泛指农业劳动。

③懿（yì）：美好（多指德行）。

〔1〕《曾国藩全集》第14册《笔记二十七则·世泽》，第359—360页。

【译文】

士大夫的志气归向、学问果然有不同于一般人的地方，就是他修养自身，给家庭成员作榜样，这样一定会有流风余韵传之于子孙，感化流行于乡里，这是所谓君子的恩泽。……我私下以为稼穑的恩泽，比诗书、礼让的恩泽还要重要、还要长久。我的先祖光禄大夫星冈公曾经说过这样的话："我的子孙即使做到大官，家中不可荒废农圃旧业。"多好的美言训词啊，可以作为万世的法则。

【评述】

《孟子·离娄章句下》有言"君子之泽，五世而斩"，是说开国君主的英明神武，绝不会一代又一代传诸无穷，到王朝的第四代、第五代，国家承平已久，侈靡之风渐长。后来的君主，生在深宫之内，长于宦官之手，才能平庸，经过几番折腾，整个国势便开始式微了。大凡一人一家一国，概莫能外。所谓创业难，守成更难。但是，并非世泽全不可久传。曾国藩提出，诗书之泽，礼让之泽，稼穑之泽可久可大，这一点对于家庭教育和治国安邦都有启发。特别是曾国藩提出，稼穑之泽尤为重要，劳动传家最为可贵，可谓意味深长！

大易之道，莫善于悔

【原文】

吉凶悔吝[①]，四者相为循环。……自古成大业者，未有不自困心横虑、觉悟知非而来者也。吝则驯致于凶，悔则渐趋于吉。故大易之道，莫善于悔，莫不善于吝。吾家子弟将欲自修，而免于愆尤②，有二语焉，曰："无好快意之事，常存省过③之心。"[1]

【注释】

①悔吝：悔，懊悔，悔恨。吝，贪鄙，吝啬。

②愆（qiān）尤：过失，罪过。

③省（xǐng）过：检查过错。

【译文】

吉、凶、悔、吝，四者相互循环。……自古成就大业的人，没有不经过困挠心志横阻思虑，然后慢慢醒悟知错而来的。鄙吝就容易导致凶祸，悔悟就会慢慢实现吉祥。所以大易的道，没有比知道悔悟更好的了，没有不比贪鄙好的。我家的子弟想自修，而免于灾难，有两句话在此，是："不要喜欢快意的事情，常存反思过错的心。"

【评述】

曾国藩借用《易》的语言，指出事物总是沿着"凶则悔"、"悔则吉"、"吉则吝"、"吝则凶"的规律向前运行，任何人做任何事，都受这规律制约。因此，在人的一生中，只要通过主观努力常能保持住"悔"的心态而无"吝"的行为，就会不犯或少犯错误，犯了错误也能迅速得到改正，从而会使自己所从事的事业立于常盛不衰的地位。由此可见，能否做到这一步，也就成了驾驭成败规律的头等要事。

---

〔1〕《曾国藩全集》第14册《笔记二十七则·悔吝》，第360—361页。

名望素尊，愈重自尊

【原文】

知识愈高，则天之所以责之者愈厚；名望愈重，则鬼神之所以伺察①者愈严。故君子之自处，不肯与众人絜量②长短。以为己之素所自期者大，不肯自欺其知识以欺天也。己之名望素尊，不肯更以鄙小之见贻讥③于神明也。[1]

【注释】

①伺察：侦视、观察。

②絜（xié）量：量度物体周围的长度。

③贻讥：招致讥责。

【译文】

知识愈多的人，则上天对他的督责就愈多；名望愈重的人，则鬼神对他的侦伺观察就愈严。所以君子要求自己，不肯与众人比较长短。认为自己一向自我期待的大，不肯自己欺骗自己的知识来欺骗苍天。自己的名望一向被人尊崇，不肯更改为鄙小的见识来招致神明的讥笑。

【评述】

名望是社会的认可度和期望值。有了社会名望，更当自重自

〔1〕《曾国藩全集》第14册《笔记二十七则·名望》，第360—361页。

警，不能肆意妄为。

英雄居业，宏大诚信

【原文】

古者英雄立事，必有基业。如高祖之关中，光武之河内，魏之兖州，唐之晋阳，皆先据此为基，然后进可以战，退可以守。君子之学道也，亦必有所谓基业者。大抵以规模宏大、言辞诚信为本。如居室然，宏大则所宅者广，托庇者众；诚信则置址甚固，结构甚牢。《易》曰："宽以居之①。"谓宏大也。"修辞立其诚，所以居业也。"②谓诚信也。大程子曰："道之浩浩，何处下手？惟立诚才有可居之处。诚便是忠信；修省言辞，便是要立得这忠信。若口不择言，逢事便说，则忠信亦被汩没，动荡立不住了。"国藩按：立得住，即所谓居业也。今世俗言"兴家立业"是也。子张曰："执德不宏，信道不笃，焉能为有？焉能为亡？"亦谓苟不能宏大、诚信，则在我之知识浮泛动荡，指为我之所有也不可，指为我之所无也亦不可。是则终身无可居之业，程子所谓立不住者耳。[1]

【注释】

①宽以居之：语出《周易·乾·文言》，意为要有宽广的胸怀待人。宽，意为度量宽宏、宽厚。

②修辞立其诚，所以居业也：语出《周易·乾·文言》。唐代孔颖达解释，即："辞谓文教，诚谓诚实也；外则修理文教，内则

〔1〕《曾国藩全集》第14册《笔记二十七则·居业》，第362页。

立其诚实，内外相成，则有功业可居，故云居业也。”

【译文】

古代英雄建立功业，必有基业。如汉高祖的关中，汉光武帝的河内，魏的兖州，唐的晋阳，都是先据此为根基，然后进可以战，退可以守。君子学道，也一定要有所谓的基业。大概以规模宏大、言辞诚信为根本。如居室，宏大的就能建广阔的宅所，托于庇护的人也就多；诚信则扎根很坚固，结构很牢固。《易经》说：“宽以居之。”说的是宏大。“修辞立其诚，所以居业也”，说的是诚信。程颢说：“道之浩浩，何处下手？惟立诚才有可居之处。诚便是忠信；修省言辞，便是要建立忠信。如果口不择言，逢事便说，则忠信也被淹没，动荡之中立不住脚。”国藩按：立得住，就是所谓的居业，即现在俗语所说的“兴家立业”。子张说：“执德不宏，信道不笃，焉能为有？焉能为亡？”也说如果不能宏大、诚信，则我的知识浮泛动荡，说为我所有也不行，说为我所没有也不行。这样就终身没有可居的基业。这就是程子所说的立不住。

【评述】

建立功业要有根据地，求学必有所专长，此为居业之术。居业之德，务要宏大诚信。心胸、视野不宽阔，无以见道义；非诚非信，难以立足社会。诚信扫地、知识浮泛、执德不宏、信道不笃，不能享誉长久。

训诫子弟，恭谨敛退

【原文】

古之英雄，意量恢拓①，规模宏远，而其训诫子弟，恒有恭谨敛退之象。……藏之不密，则放之不准。苏轼诗“始知真放本精微”，即此义也。[1]

【注释】

①恢拓：拓展弘扬。

【译文】

古代的英雄，心量恢宏，气势宏远，而他们却告诫子弟，要永远保持恭敬谨慎、收敛退让的形象。……本真不谨慎严密，就运用不准确。苏轼诗中说“始知真放本精微”，即是这种道理。

【评述】

英雄意量恢拓，规模宏远，属创业人士。他们训诫子弟务须恭谨敛退。盖创业难，守成更难，守成者尤其要加强道德修养，自制自励，如不谦谨，必失精微，导致失败。

---

〔1〕《曾国藩全集》第14册《笔记二十七则·英雄诫子弟》，第362、364页。

君子小人，以品德论

【原文】

陈容有言曰："仁义岂有常？蹈之则为君子，违之则为小人。"大哉言乎！仁者，物我无间之谓也。一有自私之心，则小人矣。义者无所为而为之谓也。一有自利之心，则小人矣。同一日也，朝而公正，则为君子；夕而私利，则为小人。同一事也，初念公正，则为君子；转念私利，则为小人。[1]

【译文】

陈容说过："仁义岂有恒常的表现？践行仁义就是君子，违背仁义就是小人。"这话说的真是大气呀！仁者是对待物我没有差别的称谓。一旦有自私的心，就是小人了。义是没有什么企图而有所为的意思。一旦有自利的心，就是小人了。同一天，早晨公正，就是君子；晚上私利，就是小人。同一件事，开始考虑时公正，就是君子；念头一变为私利，就是小人。……

【评述】

司马光在《资治通鉴》第一注论中就提出，才德全尽，谓之圣人；才德兼亡，谓之愚人；德胜才谓之君子，才胜德谓之小人。品德是人才不可或缺的素质，德才两两高低的组合就成了圣人、君子、愚人、小人。小人的主要标志就是缺乏或不屑于道德修养。

〔1〕《曾国藩全集》第14册《笔记二十七则·君子·小人》，第379—380页。

曾国藩在这里说明，君子小人并不是一成不变的，君子能变成小人，小人能变成君子，关键在于能否行仁义，能否开阔气量心胸、大公无私。能则为君子，否则为小人。

德才并重，以德为帅

【原文】

司马温公①曰："才德全尽，谓之圣人；才德兼亡，谓之愚人；德胜才谓之君子，才胜德谓之小人。"余谓德与才不可偏重。譬之于水，德在润下，才即其载物溉田之用；譬之于木，德在曲直，才即其舟楫栋梁之用。德若水之源，才即其波澜；德若木之根，才即其枝叶。德而无才以辅之则近于愚人，才而无德以主之则近于小人。世人多不甘以愚人自居，故自命每愿为有才者；世人多不欲与小人为缘，故观人每好取有德者：大较然也。二者既不可兼，与其无德而近于小人，毋宁无才而近于愚人。自修之方，观人之术，皆以此为衡可矣。吾生平短于才，爱我者或谬以德器相许，实则虽曾任艰巨，自问仅一愚人，幸不以私智诡谲②凿其愚，尚可告后昆③耳。[1]

【注释】

①司马温公：即北宋大臣、史学家司马光。他去世后，被追赠为太师、温国公，故后世称司马温公。

②诡谲：诡诈。

---

〔1〕《曾国藩全集》第14册《笔记十二篇·才德》，第390页。

③后昆：后嗣，子孙。

【译文】

司马光说："才德全尽，谓之圣人；才德兼亡，谓之愚人；德胜才谓之君子，才胜德谓之小人。"我认为德与才不能偏重。比如水，德在润下，才就是它承载舟船、灌溉农田的功用；比如树，德在曲直，才就是它做成舟楫栋梁的功用。德如水的源泉，才就是它的波澜；德如树的根，才就是它的枝叶。有德而无才来辅助，做事就接近于愚人；有才而没有德来主导，做事就接近于小人。世人多不甘心以愚人自居，所以自命常愿意成为有才的；世人多不愿与小人结缘，所以现在的人常喜欢选择有德的人：大都是这样。两者既然不可兼有，与其没有德而近于小人，不如无才而近于愚人。自己修养的方法，考察别人的方法，都以此作为衡量的标准就行了。我生来短缺才能，尊敬我的人或错误地以为我德器相配，虽然实际上曾经担任艰巨的任务，自己问自己仅是一个愚人，幸亏不以私智诡诈雕琢我的愚昧，还可以告之后人。

【评述】

德才并重，是人修养的目标。两者不可兼得，与其无德而近于小人，毋宁无才而近于愚人。才是个性的，德关乎社会性，如果没有德性的规范与制约，才就可能成为危害社会的工具。德为才帅，方不愧称之为才，否则就是小人。曾国藩躬身自省，以为自己才疏学浅但不以诡诈雕琢自己的愚钝，可谓修养得法，为高明人才。

出任艰巨，当励忠勤

【原文】

开国之际，若汉唐之初，异才、畸士、丰功、伟烈，飙举①云兴②，盖全系夫天运，而人事不得与其间。至中叶以后，君子欲有所建树，以济世而康屯，则天事居其半，人事居其半。以人事与天争衡，莫大乎忠勤二字。乱世多尚巧伪，惟忠者可以革其习；末欲多趋偷惰，惟勤者可以遏其流。忠不必有过人之才智，尽吾心而已矣；勤不必有过人之精神，竭吾力而已矣。能剖心肝以奉至尊，忠至而智亦生焉；能苦筋骸以捍大患，勤至而勇亦出焉。余观近世贤哲，得力于此二字者，颇不乏人。余亦忝附诸贤之后，谬窃虚声，而于忠勤二字，自愧十不逮一。吾家子姓，倘将来有出任艰巨者，当励忠勤以补吾之阙憾。忠之积于平日者，则自不妄语始；勤之积于平日者，则自不晏起始。[1]

【注释】

①飙举：形容才情风发超逸。

②云兴：兴起，趁时奋起。

【译文】

开国之初，如汉唐之初，异才畸士、丰功伟烈各类人才，才情风发超逸，趁时奋起，全是天运，而人事不能参与其间。到中

---

〔1〕《曾国藩全集》第14册《笔记十二篇·忠勤》，第392页。

叶以后，君子想有所建树，以济时世而安百姓，则一半在机遇，一半在人为。以人力与天命较量，作用没有大于忠勤二字的。乱世多崇尚巧伪，只有忠诚的人可以革去那不好的习气；低下的欲望多趋向于偷安懒惰，只有勤恳的人可以遏止其流弊。忠诚的人不一定有过人的才智，竭尽我的心力罢了；勤快的人不一定有过人的精神，竭尽我的气力罢了。能剖出心肝来侍奉至尊的人，忠诚到了极致而智力也就产生了；能苦其筋骨来抵御大的祸患，勤劳到了极致而勇敢也就出来了。我观察近世的贤哲，得力于这二字的，不乏其人，我也愧列于诸贤之后，浪得虚名，而对于忠勤二字，自愧不够十分之一。我家子孙，倘若将来有出来担当重任的，当励行忠勤以弥补我的缺憾。忠诚积累于平日的人，则从不乱说开始；勤劳积累于平日的人，则从不晚起开始。

【评述】

大凡有所建树者，未必智勇超群，关键在于全力以赴，执著投入，心无旁骛。忠即执著，勤在于孜孜以求、锲而不舍。忠能生智，勤能补拙。守成之辈，有志识之士，当以忠勤自勉。

清俭明慎恕静

【原文】

《记》曰："清明在躬。"[①]吾人身心之间，须有一种清气。使子弟饮其和，乡党薰其德，庶几积善可以致祥。饮酒太多，则气必昏浊；说话太多，则神必躁扰。弟于此二弊，皆不能免。欲葆清气，首贵饮酒有节，次贵说话不苟。[1]

【注释】

①清明在躬：形容人的心地光明正大，头脑清晰明辨。语出《礼记·孔子闲居》：“清明在躬，气志如神。嗜欲将至，有开必先。”

【译文】

《礼记·孔子闲居》里说：“清明在躬。”我们身心之间，须有一种清纯之气。这种清纯之气可以使子弟披其祥和，使乡里百姓受其恩德，这种清纯之气近似于积善可以致于祥和。饮酒太多，则气必然昏聩污浊；说话太多，则精神必然急躁好动。你对于这两种弊端，都不能全免。想保存清纯之气，最为重要的是饮酒有节度，其次是说话严肃，不随便瞎说。

【原文】

凡多欲者不能俭，好动者不能俭。多欲如好衣、好食、好声色、好书画古玩之类，皆可浪费破家。弟向无癖嗜之好，而颇有好动之弊。今日思作某事，明日思访某客，所费日增而不觉。此后讲求俭约，首戒好动。不轻出门，不轻举事。不特不作无益之事，即修理桥梁、道路、寺观、善堂，亦不可轻作。举动多则私费大矣。其次，则仆从宜少，所谓食之者寡也。其次，则送情宜减，所谓用之者舒也。否则今日不俭，异日必多欠债，既负累于

[1]《曾国藩全集》第14册《书赠仲弟六则·清》，第433页。

亲友，亦贻累于子孙。[1]

【译文】

凡是欲望多的人不能节俭，好动的人不能节俭。欲望多如好衣、好食、好声色、好书画古玩之类，都可以浪费钱财破败家门。你向来没有癖嗜的爱好，而颇有好动的弊端。今天考虑要做某事，明天又考虑访求某客人，花费天天地长而没有觉察。以后讲求俭省节约，首先要戒除好动的毛病。不轻易出门，不轻易行事。不仅不做无益的事，即使修理桥梁、道路、寺观、善堂，也不可轻易做。举动多则私人的花费大。其次，仆人应少，即让吃饭的人少。其次，是送人情应当减少，即让使用它的人舒服。如果今天不节俭，改天必然多欠债，既负债于亲友，也留债于子孙。

【原文】

三达德①之首曰智。智即明也。古来豪杰，动称英雄。英即明也。明有二端：人见其近，吾见其远，曰高明；人见其粗，吾见其细，曰精明。高明者，譬如室中所见有限，登楼则所见远矣，登山则所见更远矣。精明者，譬如至微之物，以显微镜照之，则加大一倍、十倍、百倍矣。又如粗糙之米，再舂则粗糠全去，三舂、四舂则精白绝伦矣。高明由于天分，精明由于学问。吾兄弟忝居大家，天分均不甚高明，专赖学问以求精明。好问若买显微之镜，好学若舂上熟之米。总须心中极明，而后口中可断。能明

〔1〕《曾国藩全集》第14册《书赠仲弟六则·俭》，第433—434页。

而断谓之美断，不明而断谓之武断。武断自己之事，为害犹浅；武断他人之事，招怨实深。惟谦退而不肯轻断，最足养福。[1]

【注释】

①达德：大德，极高的道德。

【译文】

三个大的德行之首是智。智就是明。自古以来的豪杰，常被称为英雄。英就是明。明有两个方面：他人看到的是它的近，我看到的是它的远，称为高明；他人看到的是它的粗，我看到的是它的细，称为精明。所谓高明，好比居室中所见有限，登楼则所见高远，登山则所见更加高远。所谓精明，譬如极微小的东西，用显微镜照它，就加大了一倍、十倍、百倍。又如粗糙的稻米，舂两次则粗糠全部去除，舂三次、四次则精白无比。高明源于天分，精明由于学与问。我们兄弟愧于生在大户人家，天分都不是很高明，专门依赖学与问以求精明。好问如买显微镜，好学如舂上熟的稻米。总是须要心中极为清明，而后口中才能判断是非。能清明判断称为美断，不清明判断称为武断。武断自己的事情，为害尚小；武断他人的事情，招致的怨恨就太深了。只有谦虚退让而不肯轻易判断，最足以培养福气。

【原文】

古人曰钦、曰敬、曰谦、曰谨、曰虔恭、曰祗惧[①]，皆慎字之

〔1〕《曾国藩全集》第14册《书赠仲弟六则·明》，第434页。

义也。慎者，有所畏惮之谓也。居心不循天理，则畏天怒；作事不顺人情，则畏人言。少贱则畏父师，畏官长；老年则畏后生之窃议；高位则畏僚属之指摘。凡人方寸有所畏惮，则过必不大，鬼神必从而原之。若嬉游、斗牌等事而毫无忌惮，坏邻党之风气，作子孙之榜样，其所损者大矣。[1]

【注释】

①祗（zhī）惧：敬惧，小心谨慎。

【译文】

古人说钦、说敬、说谦、说谨、说虔恭、说祗惧，都是慎字的意思。慎，是有所畏惧害怕的意思。用心不遵循天理，就畏惧天的怨怒；做事不依顺人情，就畏惧人的指责。少时低贱则畏惧父母和老师，畏惧官长；老年则畏惧后生的背后议论；居高位则畏惧下属的指戳。凡人心中有所畏惧害怕，那么过错必然不大，鬼神一定因此原谅他。如从事嬉游、斗牌等而毫无忌惮，败坏乡里的风气，做子孙的坏榜样，他所损失的就大了。

【原文】

圣门好言仁。仁即恕也。曰富，曰贵，曰成，曰荣，曰誉，曰顺，此数者，我之所喜，人亦皆喜之。曰贫，曰贱，曰败，曰辱，曰毁，曰逆，此数者，我之所恶，人亦皆恶之。吾辈有声势之家，一言可以荣人，一言可以辱人。荣人则得名、得利、得光

---

〔1〕《曾国藩全集》第14册《书赠仲弟六则·慎》，第433—434页。

耀，人尚未必感我，何也？谓我有势，帮人不难也。辱人则受刑，受罚，受苦恼，人必恨我次骨，何也？谓我家势欺人太甚也。吾兄弟须从恕字痛下工夫，随在皆设身以处地。我要步步站得稳，须知他人也要站得稳，所谓立也。我要处处行得通，须知他人也要行得通，所谓达也。今日我处顺境，预想他日也有处逆境之时；今日我以盛气凌人①，预想他日人亦以盛气凌我之身，或凌我之子孙。常以恕字自惕，常留余地处人，则荆棘少矣。[1]

【注释】

①盛气凌人：亦作“盛气临人”，意为以骄横傲慢的气势压人。今多作贬义。

【译文】

圣人门下喜欢讲论仁。仁就是恕。富，贵，成，荣，誉，顺，这几点是我所喜爱的，别人也都喜爱它们。贫，贱，败，辱，毁，逆，这几点是我所厌恶的，他人也都厌恶。我们是有名望势力的家族，一句话可以使人荣耀，一句话可以使人受屈辱。使人荣耀就会得名、得利、得光耀，人还未必感谢我，为什么呢？认为我有势，帮助人不困难。使人受屈辱就会使人受刑、受罚、受苦恼，人必恨我入骨，为什么呢？认为我仗势欺人太过分。我们兄弟须从恕字上痛下工夫，随时随地都设身处地想。我要步步站得稳，要知道他人也要站得稳，这就是立。我要处处行得通，要知道他人也要行得通，这就是达。今日我处顺境，设想他日也有处于逆

〔1〕《曾国藩全集》第14册《书赠仲弟六则·恕》，第435页。

境的时候；现在我盛气凌人，设想他日他人也以盛气凌辱我的身心，或凌辱我的子孙。常以恕字自我警惕，常给人留有余地，那么人生道路上的荆棘就会少了。

【原文】

静则生明，动则多咎，自然之理也。家长好动，子弟必纷纷扰扰。朝生一策，暮设一计，虽严禁之而不能止。欲求一家之安静，先求一身之清静。静有二道：一曰不入是非之场，二曰不入势利之场。乡里之词讼曲直，于我何干？我若强为剖断，始则赔酒饭，后则惹怨恨。官场之得失升沉，于我何涉？我若稍为干预，小则招物议，大则挂弹章。不若一概不管，可以敛后辈之躁气，即可保此身之清福。[1]

【译文】

静就会产生高明，动就会多产过失，这是自然的道理。家长好动，子弟一定纷纷扰扰。早晨生出一个计策，晚上设想一个计策，即使严厉禁止也不能使之停下来。想要求得一家的安静，先要求得个人的清静。静有两个途径：一是不入是非场，二是不到势利场。乡里打官司争辨是非，与我有什么关系呢？我如果强为判断，开始是赔酒饭，随后就惹来怨恨。官场的得失升沉，与我有什么关系呢？我如果稍微干预，小则招来非议，大则被弹劾。不如一概不管，可以收敛后辈的躁气，就可以保此身的清福。

---

〔1〕《曾国藩全集》第 14 册《书赠仲弟六则·静》，第 435 页。

【评述】

曾国藩给他二弟的六字修养箴言，是传统的修身养性法则。曾氏追求的人格典范就是中国传统文化中的理想人物。

曾国藩秉承儒家“三省吾身”的祖训，时刻不忘进德修身。他每天记“日课”，“身过、心过、口过，皆记出，终身不间断”，对于出现的问题，则勇于自我批评，及时纠正。他“小心翼翼，事无巨细，皆不敢忽”，“念念欲改过自新”，这样，最终达到“明德、新民、止于至善”的境界。曾国藩还尊崇禹墨精神，主张劳动、吃苦、节俭和平民化。在教子家书中，曾国藩一再强调：“勤理家事”，“以习劳苦为第一要义”。他还说：“居家之道，不可有余财”，“以做官发财为可耻”，“家事忌奢华，尚俭”。一般人都希望子孙做大官，可曾国藩说：“余不愿（子孙）为大官，但愿为读书明理之君子。”即使为官，也要“守寒素家风”。他称：“读书乃寒士本色，切不可有官家风味”，“居官不过偶然之事，居家乃是长久之计。”因此，曾国藩也成了中国传统文化塑造的代表性人物。

第六节　左宗棠

【人物简介】

左宗棠（1812—1885），字季高，湖南湘阴人。道光十二年（1832 年）中举。咸丰元年（1851 年）太平天国起义爆发后，先后入湖南巡抚张亮基、骆秉章幕，为抵抗太平军多所筹划。咸丰六年，命以兵部郎中用。十年由曾国藩推荐，率湘军五千人赴江西、皖南与太平军作战。后历任浙江巡抚、闽浙总督、钦差大臣督办陕甘军务、钦差大臣督办新疆军务。光绪七年（1881 年）初，主持中俄《伊犁条约》签订，遂应诏至北京任军机大臣兼在总理衙门行走，管理兵部事务。是年夏，又调任两江总督兼南洋通商大臣。光绪十年再任军机大臣、督办福建军务。翌年病故于福州。著有《楚军营制》（附条规），其奏稿、文牍等辑为《左文襄公全集》。2009 年，岳麓书社刊印出版《左宗棠全集》十五册。

贪官污吏，家肥国瘠

【原文】

吏事之坏，大都见得而不思义者，实阶之厉①。当官而不能持廉，则属吏得以挟持之，丁书②得而朦蔽之，层累朘削③，往往本官所得无多，而属吏丁书取赢之数且数倍过之。日久视为应得之款，名曰陋规。踵事增加，无有纪极。家肥国瘠，职此之由。究竟攘夺之财，每多意外之耗，蠹国者未必即能肥家，而公家经入之数已不可复按矣。兴言及此，良用慨然。[1]

【注释】

①实阶之厉：实在是惹事的祸根。阶，本义是台阶，引申为导致、招致。厉，灾祸，祸患。

②丁书：指旧时官府中书办一类的小吏。

③朘（juān）削：缩减，剥削。

---

〔1〕刘泱泱等点校：《左宗棠全集》第十四册，《批札·福建盐法吴道大廷禀裁革陋规由》，岳麓书社 2009 年 11 月第 1 版（下同），第 46 页。

【译文】

吏治的败坏，大都是只求有所得而不考虑是否符合道义，实在是惹事的祸根。当官而不能保持廉洁，那么下属的小官就能以此来要挟他，文书一类的小吏就能蒙蔽他，一层层缩减砍削，往往是本官所得的不多，而下属的小官吏们取得的数目超过他数倍。时间久了，他们就会把这些看成应得的款项，名叫陋规。一件事一件事累积增加，没有极限。家庭肥了国家贫瘠了，就是由于这个原因。推究原委，掠夺的财物往往多有意外的耗费，所以蛀蚀国家的蠹虫未必立刻可以肥家，但公家经常性收入的数量已不能够再照旧了？心有所感而发之于言，我真是感慨颇多呀。

【评述】

贪官必有污吏，官贪被属吏挟制，上行下效，相互勾结，损公肥私，渐成合理收入，是为陋规。陋规遇事叠加，极耗财政。裁革各种陋规，荡涤官场贪污，利国利民。

心在名利，为私必多

【原文】

程子云："一命[①]之士，存心利物，于世必有所济。"不佞窃取此意，亦谓："一命之士，存心报国，于国必有所济。"唯存心为一己之私者无取焉。一己之私谓何？名也，利也。心在名利，则为私之念多，为公之念少，为私之念重，为公之念轻，天下将何赖焉？[1]

【注释】

①一命：周代最低一级的官。命，官阶。周代官阶自一命至九命。后用以泛指低微的官职。

【译文】

程子说："最低级的官员，有心利于外物，对世事一定有所帮助。"不才套用这个意思和语式用意，也说："最低级的官员，有心报效国家，对国家一定有所帮助。"只有一心为自己谋私利的人一无可取之处。一己之私是什么呢？是名，是利。用心在名利，则为私的念头多，为公的念头就少，为私的念头重，为公的念头轻，天下将依赖什么呢？

【评述】

怀有利物报国之心，必能于世有所贡献。一个人心存名利，必然为自己谋划的多，为公家和别人谋划的少。一个读书人私心重了，国家社稷就无法仰仗于他，他也就不会做出什么于国于民有益的事来。

---

〔1〕《左宗棠全集》第十四册《批札·光禄寺典簿陈彝爵禀由山西取道赴辕听候差遣由》，第112页。

弗躬弗亲，庶民弗信

【原文】

做官要认真，遇事耐烦体察，久之无不晓之事，无不通之情。一片心肠都在百姓身上，如慈母抚幼子，寒暖饥饱，不待幼子啼哭，般般都在慈母心中，有时自己寒暖饥饱翻不觉得。如此用心，可谓真心矣。……《诗》曰："弗躬弗亲，庶民弗信。"①〔1〕

【注释】

①弗躬弗亲，庶民弗信：国君不亲政，就不能亲近民众；不能亲近民众，就不会得到百姓的信任。

【译文】

做官要认真，遇到事情不急躁、不厌烦，要用心体验察看，时间久了就没有不明白的事，没有不通达的情感了。所有心思都用在老百姓的身上，如慈母抚育幼儿，寒暖饥饱，不等幼儿啼哭，桩桩件件都在慈母的心中，有时自己寒暖饥饱反不觉得。如此地用心，可以称得上是真心了。……《诗经》上说："弗躬弗亲，庶民弗信。"

【评述】

一个官员办事不能躬亲，百姓不会信任他。只要办事认真，

---

〔1〕《左宗棠全集》第十四册《批札·临潼伊令允桢禀接印视事情形由》，第150页。

踏实公干，一门心思扑在老百姓身上，就会与民结成慈母幼子般关系，就会赢得百姓认可。如果真能这样，也就不会畏惧任何工作中的困难和麻烦。

亲民亲吏，以言学治

【原文】

知府须知一府之事，欲知民事，必先亲民；欲知吏事，亦须亲吏。今人但言察吏而不知训吏，但言课吏而不知亲吏，故贤否混淆，而属吏亦无所观感。所谓亲者，不在勤接见、通声气，要有一副勤恳心肠与之贯注，见善则奖，见过则规，宽其不逮，体其艰苦，则中材自奋者必多，而吏治乃有蒸蒸日上之意。

……

人之才力相去不远，只要念头切实，志趣不苟，皆可与之为善。除官常习气，存读书面目，以言学治，其庶乎。[1]

【译文】

知府一定要知晓一府辖区内的事情，要知晓民事，一定要做到与民相亲；要知道属吏们的事情，一定要与属吏相亲。现在为官的只提监察属吏，却不懂培训属吏，只提考核属吏，却不懂得亲近属吏。所以说，贤与不肖混淆，属吏们就没有观察感受的尺度。所谓亲，不在于勤接见、通声气，而是要有一副勤恳的心肠与之交流贯通，看到善则奖励，看到失误则规劝，宽宥他们做得

〔1〕《左宗棠全集》第十四册《批札·凤翔府原守峰峻禀陈到任察看地方情形由、凤翔府原守峰峻禀讲求防务吏治并呈区田图折由》，第287、294页。

不到位的地方，体谅他们的艰辛苦痛，那么，中等人才能够奋发自励的一定很多。于是吏治就会有蒸蒸日上的气象。

……

人的才智和能力相差不远，只要想法切实，志向和情趣不苟且，都可以与他友好相处。去除官场习气，保持一介读书人的面目，以所学来交往和治理，就差不多了……

【评述】

亲民亲吏，是做好领导工作的必备素质。关键是从情怀上要与他们沟通交流，切实做到与人为善。人与人天赋条件相去不远，只要理想可行，志趣实际而不空乏不苟且，就能通过读书学习，修养为善，有所作为。左宗棠早年屡试不第，没有沉沦，没有意志消磨，转而自学农学，后成其所专长。

政绩若何，事在人为

【原文】

官莫嫌小，由小可以至大；地方莫嫌瘠苦，惟瘠苦益足显其措施；民莫嫌刁顽，惟刁顽正赖官为训导。昔王文成曾为龙场驿丞①，卒为有明一代名臣，良由动心忍性，增益其所不能，故后来之成就大也。白马关虽陋，较龙场驿为胜，该倅②果能实心实力，为民谋生全，为民广教化，安见瘠苦不可致富厚，刁顽不可迁善良哉？[1]

---

〔1〕《左宗棠全集》第十四册《批札·白马关州判刘倅立诚禀陈地方情形并呈舆图由》，第409页。

【注释】

①驿丞：掌管驿站的官，主邮传迎送之事。明清时设置，各府、州、县多寡有无不一，品级为未入流。

②倅（cuì）：副官。

【译文】

官职不要嫌小，由小可以到大；地方不要嫌贫苦，只有贫苦的环境才足以显出治理措施的有效；对百姓不要埋怨他们刁钻顽劣，正因为他们刁钻顽劣才仰赖官员去训导。过去王阳明（谥文成）曾经做过龙场驿丞，终于成为有明一代的名臣，确实是动心忍性，增益其所不能，所以后来才有了大的成就。白马关虽然简陋，比龙场驿还要好一点儿，该副官果真能够实心实力，为百姓谋生存发展，对百姓广施教化，怎见得贫苦就不可以达到富有丰厚的地步，刁钻顽劣的人就不可以变成善良的人呢？……

【评述】

官职不要自视低小，地盘不要挑拣肥瘦，在哪个地方为官，只要认真投入，对那个地方有所革新变更，改变那里的缺憾，弥补那里的欠缺，就会有所作为，有所建树。

心术是制事根本

【原文】

人不可无才，然心术究是制事根本。心术不正，而才具觉优，

则所谓才者亦只长恶济奸、自便其私而已，于实事何益？〔1〕

【译文】

人不可以没有才能，然而心术毕竟是做事的根本。心术不正，而才能优秀，那么所说的才能也只是增长险恶帮助奸诈、自己便利自己的私心私利罢了，于实事有什么益处呢？

【评述】

为官兼有两术：心术是一个人的道德和作风，治术是人的处世技巧和谋略。前者相当于“德”，后者相当于“才”。古语“臣心不正害政，君心不正害国，人心不正天下危”，就是说心术正不正，决定一个人能否做好人、干成事，也决定一个人对社会贡献的大小。心术不正的人就会迷失方向，偏离轨道，脱离群众，滋生腐败，危害人民。

爱民之心，民事为急

【原文】

官无论大小，总要有爱民之心，总要以民事为急，随时随处切实体贴，所欲与聚，所恶勿施，久久官民浃洽如家人父子一般，斯循良①之选矣。勤理案牍，操守端谨者次之。专讲应酬，不干正事，沾染官场习气者为下。其因循粉饰，痿痹不仁，甚或倚任丁

〔1〕《左宗棠全集》第十四册《批札·甘州府龙守锡庆禀遵札禀明刘县丞文斗情节由》，第428页。

役专营私利者，则断不可姑容也。[1]

【注释】

①循良：谓官吏奉公守法，或指循良的官吏。

【译文】

当官无论大小，总要有爱民的心，总要把百姓的事当成要紧的事，随时随处切实体贴，他们所想要的就多多给予，他们所厌恶的事情就不要做，时间久了，官民融洽就像家人父子一样，这是奉法循理的官吏应该选择的做法。勤于处理公事文书，操守端正谨慎的是其次。专讲应酬，不干正事，沾染官场习气的为最下等。对那些因循守旧，粉饰太平，麻木不仁，甚至于倚赖放任属吏专门营求私利的，就断断不能姑息纵容。

【评述】

做官要有爱民之心，想百姓之所想，急百姓之所急，送百姓之所需，解百姓之所难。心里装着百姓这是第一，其次才是勤勤恳恳办事。如果做官专讲应酬，不干正事，对百姓疾苦麻木不仁，官气十足，就离开了为政的根本，就必得加以整改。

---

〔1〕《左宗棠全集》第十四册《批札·陕西延榆绥道禀考察官吏由》，第435页。

操守清严，兴利除弊

【原文】

官评以操守为重。……做官不要钱，是本分事；但能不要钱，不能为地方兴利除弊，讲求长治久安之道，于国计民生终鲜裨补，则亦不足贵。[1]

【译文】

对官员的评议以操守为最重要。……做官不要钱，是本分的事；但只是能不要钱，不能为地方兴利除弊，讲求长治久安的治道，对于国计民生最终还是少有补益，那么，也不值得被推崇。

【评述】

评判一官员，操守即道德修养是第一位的。陋规馈赠和公费支出应当分明，前者必须革除，以养官德；后者当有保障，以为民做事。为官既要为百姓做事，兴利除弊，还要清严操守，清风永存。

非勇锐不足以振军威，非端廉不足以明纪律

【原文】

军营兵勇得力，全在将领得人。非勇锐不足以振军威，非端廉不足以明纪律。将材难得，求备固难，然必其质地喜实，实堪

〔1〕《左宗棠全集》第十四册《批札·凉州府刘守思询禀到任裁革陋规及征收畜税等银由》，第468页。

造就，而后可用其长而去其短。[1]

【译文】

军营兵勇是否得力，全在能否得到合适的将领。作为将领，不勇敢敏锐不足以振作军威，不端正廉洁不足以严明纪律。将才难得，求全责备固然困难，然而一定要他的品质追求实际，才值得造就，然后才可用他的长处而去除他的短处。

【评述】

军队的生命决定于它的战斗力和风纪。勇锐端廉之将是军队之魂。选择将才，必须选择那些素质优良、有培养前途之人，对于不堪造就者及早撤换革除，惩戒分明，方可整饬军纪。

用人之道，重才具，尤重心术

【原文】

戡乱之道，在修军政，尤在饬吏事。军政者，弭乱之已行；吏事者，弭乱之未发也。用人之道，重才具，尤重心术。才具者，政事所由济；心术者，习尚所由成也。[2]

【译文】

平定叛乱之道在于整治军政，尤其在于整顿吏治。军政是消灭动乱于已经发生，吏治是避免动乱于尚未发生。用人之道，要看重

---

〔1〕《左宗棠未刊奏折·请将参将杨海泰等分别降革片》，岳麓书社1987年版，第9页。

〔2〕《左宗棠全集》第一册《奏稿·甄别道员厅县折》，第143页。

才能，尤其要看重心术。才能是用以治理政事的，心术是借此形成习俗风尚的。

【评述】

用人之道，重才具，尤重心术。才具与心术的关系，犹如才与德的关系。用人当然要德字挂帅。左宗棠在此还提出："才具者，政事所由济；心术者，习尚所由成也。"其中实际上讲明了一个人的心术与社会风尚的关系，社会风尚与置身其中的人的心术相互影响。

修明政事，首在用人

【原文】

闽省吏治、军政之坏，由于因循粉饰已久，积习相沿，骤难更易，外观虽尚无他，而切按则鲜有一事可期实济者。臣入闽以后，详加访察，觉其习气之深，竟与各省十年前景象无异，深抱隐忧。一省之大，筹兵则无一卒之恃，筹饷则无一月之储。问守令，则朴干①者难得数人；察局员，则练达者未能指数。而民俗则悍戾，几若性成，罔识法纪。所在匪盗蜂聚，官司莫敢谁何。其在都邑，率畏贼而不畏官；其在乡团，则抗官而兼通贼。制兵率虚存册籍，训练久荒；武职则但事营求，胆技均弱。……则治闽之要，首在理财。理财之要，在于修明政事。孟子所谓"无政事，则财用不足"者此也。今欲修明政事，则必先求治事之才。[1]

〔1〕《左宗棠全集》第二册《奏稿·沥陈闽省困敝情形请调员差委折》，第5—6页。

【注释】

①朴干：质朴而干练。

【译文】

福建省吏治军政的败坏，由于长时间的因循旧习，粉饰太平，积习相沿，很难骤然改变。从外看虽然还没有什么，但切实按察则少有一事可期望实际办理的。我入福建以后，详细地加以访察，其习气之深，竟然与其他各省十年前的景象没有两样，内心深抱忧痛。一省之大，筹兵则没有一个士兵可以依赖，筹饷则没有一个月的储备。询问郡守县令，则质朴干练的难有几人；考察局员，则练达的屈指可数。而民俗则凶狠蛮横，几乎像性情已成，不识法纪。匪盗像蜂一样聚积的地方，官司不敢对任何人怎样。城邑中的人，大抵害怕贼而不害怕官府；乡兵团练，则与官府对抗而且与贼匪相通。带兵的大抵虚存册籍，训练长久荒疏；武职人员只从事营私，胆略和武技都柔弱不堪。……治理福建省的关键，首先是理财，而理财的关键又在于使政事清明。孟子所说的“无政事，则财用不足”，就是说的这种情况。今天想要修明政事，则必须先求得治事的人才。

【评述】

左宗棠在此阐明军政、财政、人才三者关系。经武之道，首在理财；得财之要，在于修明政事；今欲修明政事，则必先求治事之才。选用人才是政事之本，处非常之局势，尤须如此。治理腐败也是如此。

理财之道，贵去中饱；节用之道，先杜虚糜

【原文】

理财之道，贵去中饱；节用之道，先杜虚糜。〔1〕

【译文】

理财之道，重要的是去除中饱私囊；节用之道，首先要杜绝虚浮浪费。

【评述】

理财之道，贵去中饱；节用之道，先杜虚糜。左宗棠道出了国家反腐、民间倡廉的根本。

遴举廉能，以资激劝

【原文】

吏事之修视乎人才，人才之兴由于激劝。臣自蒙恩调督陕甘，时逾十载，虽驰驱戎马，拮据不遑①，而于属吏之臧否，未尝不默识而详察之，应举应劾，固已随时具奏矣。〔2〕

---

〔1〕《左宗棠全集》第三册《奏稿·厘定闽省各属进出款项请将摊捐停止陋规裁革另筹提给公费折》，第132页。

〔2〕《左宗棠全集》第七册《奏稿·遴举廉能各员以资激劝折》，第535页。

【注释】

①拮据不遑：拮据，此处指时间窘迫；遑（huáng），空闲，闲暇。

【译文】

吏事的修好主要取决于人才，人才兴盛来源于激励劝勉。我自从蒙受皇恩调任陕甘总督已经超过十年，虽然戎马倥偬，而对于属吏的褒贬评定，每每默记而详细考察，应该举荐还是应该弹劾，本已准备随时详细禀奏了。

【评述】

干事情、选官员是一个高官两个基本任务。左宗棠两者不误，对于下属应举应劾，随时禀奏。遴举廉能，以资激劝。

澄叙官方，以廉为本

【原文】

六计上廉①，古有明训。此而不讲，则才智适以自累，而建树皆有可疑。[1]

【注释】

①六计上廉：《周礼·天官冢宰》记载，“以听官府之六计，弊群吏之治：一曰廉善，二曰廉能，三曰廉敬，四曰廉正，五曰

〔1〕《左宗棠全集》第八册《奏稿·遴保廉吏折》，第220页。

廉法，六曰廉辨。”这个考核官员政绩的制度包括了善、能、敬、正、法、辨等六个方面，但皆以廉为根本。

【译文】

官员六计，以廉为上，古代就有明训。如果不讲求这个考核方法，那么才智就会自受牵累，而想有建树都是很可疑的。

【评述】

公生威，廉生明。澄叙官方，以廉为本。左宗棠以整饬廉政为枢纽，优化吏治，抓住了根本。

自奉质朴，光前裕后

【原文】

老弟家计虽颇充裕，然自奉总须质朴，浮费最宜节省。一丝一粟当思物力之艰，一人一物当思处置之法。如此则光前裕后，可以为保家之令子，可以为乡邑之完人，而异日科名之显扬，又不必言也。[1]

【译文】

老弟家用虽然颇为充裕，然而自己的消费总须简朴，浮费最是应当节省，一丝一粟应当想到获取物力的艰辛，一人一物应当想到处置的办法。只有这样才可以光宗耀祖、庇荫后人，可以成为保护家族的好儿子，可以成为乡里的完人，而日后科场扬名，

[1] 《左宗棠全集》第十册《书信·与周汝充》，第9页。

又不用说了。

【评述】

以古人古法自励，一丝一粟当思物力之艰，一人一物当思处置之法，言行一致，表里如一，节俭自持，追求质朴，形成作风，焕成气象，修成优良品质，定成世人楷模。

修身立名，涵养用敬

【原文】

桐城张文端公训其家人有云：“世家子弟修身立名之难，较寒士百倍。”诚哉斯言！先世之禄，足以自赡。凭席馀业，刻厉之志不生。内志不贞，外缘益盛。其入非僻之路既较便于凡人，其求成立之心亦倍宽于素士①。志钝名败，所从来矣。[1]

【注释】

①素士：犹言布衣之士，亦指贫寒的读书人。

【译文】

桐城张文端公教育家人说：“世家子弟修身立名的艰难程度，相较寒士艰难百倍。的确是这样！先世的福禄，足以赡养自己，依仗前人遗留的功业，刻苦进取的志向就不会生成。心内的志向不坚贞，外在的机缘日益见多。这样，他进入邪恶之路就比凡人

---

〔1〕《左宗棠全集》第十册《书信·上贺蔗农先生》，第12页。

容易，他想要成就功名的心气也更大于贫寒的读书人。志向钝拙而身败名裂，其原因就在于此。

【评述】

世家子弟，修身立名难乎其难，仰仗先世之禄，志钝名败，所从来矣，尤当警戒。个人修养，需要自知、自制，“涵养须用敬”可为座右铭。

端正心术，整肃吏治

【原文】

天下之乱，由于吏治不修；吏治不修，由于人才不出；人才不出，由于人心不正；人心不正，此则学术之不讲也。吾辈无转移人心之权，亦无此本领，但此心总要向正路走，则可共信耳。[1]

【译文】

天下的动乱是由于吏治的败坏，吏治败坏是由于人才未能涌现，人才不能涌现是由于人心不端正，人心不端正则是因为不讲求学术。我辈没有转移人心的权力，也没有这本领，但内心总要向正路走，这是可以作为共同信念的。

【评述】

心术不正，导致人才陨落；人才不兴，导致吏治不修；吏治

〔1〕《左宗棠全集》第十册《书信·与王璞山》，第171页。

缺憾，导致天下乱亡。

追名逐利，廉耻道衰

【原文】

天下圆顶方趾①之民无算数，要其归有二，曰名也，利也。人率知之，能言之，然试察其志之所分与其途之所自，合则亦曰利而已矣，乌有所谓名者哉！……吾益人而不厉乎人，尽吾力食吾功焉，斯亦可矣。……求利者亦有其具，不以其财，不以其力，以其廉耻易之而已。《诗》曰："不素餐兮"、"胡取禾三百廛②兮"、"不狩不猎，胡瞻尔庭有悬貆③兮"，古人盖以为诧矣，今何以恬然若无足深诧，且相与睨而艳之，恤恤乎恐彼之不如耶？廉耻之道衰，嗜利之心竞。意其弊必有受之者，而非斯人之谓哉？[1]

【注释】

①方趾：方形的脚，多与"圆颅"、"圆顶"对举或连用，表示人的特征，亦借指人。

②廛（chán）：假借为"缠"，束，捆。

③貆（huán）：幼貉。

【译文】

天下圆头方脚的百姓，无法数计，总其追求有两个，一个是

[1]《左宗棠全集》第十三册《说·名利说》，第215页。

名，一个是利。人们大都知道，且能言说，然而试考察他们的志向所分与途径所在，都合归于一，那也就是利罢了，哪有所谓名啊！我给人好处而不危害人，用尽我的力量享用我的功业所得，这也可以了。……追求利益有正当的途径。然而，不用他的才能，不用他的气力，那用他的廉耻交换罢了。《诗经》说："不素餐兮"、"胡取禾三百廛兮"、"不狩不猎，胡瞻尔庭有悬貆兮"，古人大概会对此大为吃惊，今天为什么满不在意，好像不值得深深诧异，还表现出相互羡慕的样子，唯恐比不上他呢？廉耻的道德标准衰弱，嗜利的观念被人们竞相信奉。预料这样的弊端必定有人遭受它的祸患，而难道不是他自己吗？

【评述】

天下之人，沽名钓誉、追逐私利，必然以牺牲廉耻为代价。廉耻之道衰，嗜利之心竞，全社会价值观和道德风尚混乱，反过来就会贻害所有人。这就是腐败形成的原因、过程和后果。

第七节　张之洞

【人物简介】

张之洞（1837—1909），字孝达，号香涛，晚年自号抱冰。籍贯直隶南皮（今河北南皮），道光十七年（1837 年）生于贵州兴义府。咸丰二年（1852 年）顺天府乡试解元。同治二年（1863 年）殿试中探花，授庶吉士，后授翰林院侍讲学士及内阁学士等职。一度是清流派健将，后来为洋务派首领，1898 年发表《劝学篇》，倡导“中学为体，西学为用”（“中学治身心，西学应世事”），是中国近代实业和教育事业的开拓者。历任山西巡抚、两广总督、湖广总督、署理两江总督、军机大臣兼管学部事务、体仁阁大学士。宣统元年卒，谥文襄，赠太保。留有《光雅堂集》，自评一生“廉正无私”。孙中山称：“张之洞是不言革命之大革命家。”1998 年，河北人民出版社出版《张之洞全集》十二册。

裁革馈送，清肃官场

【原文】

窃查外省臬司①道府②直隶州等官，办公每患不足，廉俸③扣减，益形支绌，不得不仰给属吏。……晋省馈送上司水礼④之风亦为巨害，实与节寿无异。送时开票，持票折钱，优缺⑤每年五六次，统计所值，抚、藩两衙门，丰者二三千金，约者一二千金。以下衙门递减有差。廉者不收，收者率留其半。一年所费亦复不赀⑥。今一并严申厉禁，刊印章程。以本年四月为始，通饬⑦遵行。臣平心审核，此次所定，固一本于损上益下之义。然实亦足敷办公，绝无强人以所难之事。此后傥有于裁减之外，横索巧取者，当即劾治⑧其罪，奏明立案。[1]

【注释】

①臬（niè）司：元代肃政廉访使司，明清时期指的是提刑按察使司的别称，主管一省司法，也借称廉访使或按察使。

---

〔1〕 苑书义等主编：《张之洞全集》第一册《奏议四・裁革公费馈送折（光绪八年六月十二日）》，河北人民出版社 1998 年 8 月第 1 版（下同），第 108—109 页。

②道府：清朝时候道一级地方政府，或该级政府的行政长官。

③廉俸：清朝官吏正俸和“养廉银”的合称。

④水礼：指酒食之类普通食物，相对于贵重礼物而言。

⑤优缺：美官，肥缺，指地位高或收入多的官职。

⑥不赀（zī）：不可计数（shǔ），指多。

⑦通饬（chì）：犹“通令”，把同一命令发往各地。

⑧劾治：审查治罪。

【译文】

我检查外省臬司、道府、直隶州等官员，办公费常常发愁不足，因廉俸扣减，更显得不够支配，不得不依靠下属送礼补给。……山西省馈送上司水礼的风气也是一大害，实际与节寿没有两样。送时开出银票，用银票换钱，官位高的每年五六次，统计所值，巡抚、藩台两衙门，多的二三千金，少的一二千金。下面的衙门有差别地递减。廉洁的人不收，收者大概留一半，一年所费也再不用发愁了。今一并严厉禁止，刊印章程。从今年四月开始，通令遵行。我平心审核，这次的规定，以损上益下为原则。然而实际也足够办公，绝没有强人所难的事。此后倘若有在裁减费用之外，横索巧取的，应当立即对他们审查治罪，奏明朝廷立案侦查。

【评述】

公费馈赠，形成风气，成为潜规则，为社会默许，然而以公家的财物，贴补官场交谊之用，加重百姓负担，伤国家财政，害官员清德。张之洞力主裁革，有利于整肃晚清官场风气。

叫停分发，防治冗员

【原文】

……湖北省前因候补大小各员人数众多，委补无期，曾于光绪十七年奏准停止分发一年，原期渐次疏通，以清仕路。无如捐章递减，鄂省人员不特未能减少，且较前尤多。因近年各省停止分发，改指鄂省者益众，约计候补道府已有四十余员，同通州县共三百数十员，佐杂多至八百员，其免验看之员，更难数计。所有丁忧、请假尚未起复回省者，均不在内。而湖北省道府、同通州县以至佐贰杂职，仅额设三百余缺，今以大小各班千余员之众，萃集省城，道府候补十年难得一缺，同通州县佐杂一年之中补署得缺者不及十之一，即各项差使亦难分布，是徒有候补之名，而无从政之实，流品固多淆杂，需次①亦形苦累。若再听其源源而来，势必壅滞愈甚，在素励廉隅之士，尚能困穷自守，其中材以下之辈，负累日深，营求日亟，挠乱法纪，败坏风气，流弊不可胜言，于澄清吏治之道，大有妨碍。臣等督同藩、臬两司筹商拟请援照停止分发成案，除各项正途例应由部签掣②人员仍应办理外，相应请旨敕部将捐纳指省③、劳绩保举两项自道、府以至未入流，凡未经赴部人员一律停止分发湖北一年，一俟限满再行察看情形酌核办理。[1]

---

〔1〕《张之洞全集》第二册《奏议四十五·会奏请暂停分发折（光绪二十二年）》，第1216—1217页。

【注释】

①需次：旧时指官吏授职后，按照资历依次补缺。

②签掣：特指明朝后期沿袭至清朝的吏部选授迁除官吏的方法。

③指省：清代行捐纳制，士民捐资取得官员资格后，再出一笔费用，指定到自己希望的省分去候补，叫“指省”。

【译文】

……湖北省以前因为候补大小官员人数太多，委任补官遥遥无期，曾经在光绪十七年奏准停止分发一年，原来希望逐渐疏通，以清除仕路。无奈按照捐章递减，湖北省人员不仅没有能够减少，而且较先前更多。因为近年来其他各省停止分发，改派湖北省的人一天比一天多，约略计算候补道府已经有四十余人，同通州县共三百几十人，助理官吏多达八百人，那些免验看之员，更是难以计算。所有丁忧、请假还没有起复回省的人，还都没计算在内。而湖北省道府、同通州县以及佐贰杂职，名额仅仅设立了三百多缺，今天大小各班千余人之众，汇集省城，道府候补十年难以得到一个缺，同通州县佐杂一年之中补任官职的人不到十分之一，即使各项差使也难以分配，这是只有候补之名，而没有从政之实，官阶固然杂乱，依次序补缺形式也显得苦累。如果再听任他们源源不断而来，势必积压得更加厉害，平常廉洁有志向的人，还能够耐得住困穷，那些中等材质以下的人，负累越来越多，营求越来越急切，挠乱法纪，败坏风气，流弊不可说尽，对澄清吏治之道，很有妨碍。我督同藩、臬两司磋商拟请按照停止分发的旧案，除却各项正途照例应由各部选拔人员按例办理外，相应请旨敕令各部将捐纳指省、劳绩保举两项从道、府以至未入流的，凡未经赴部人员一律停止分发湖北一年，等候补限满再行察看情形酌情核实办理。

【评述】

文廷式曾说："明朝言官多争意气，今朝言官多因贿赂，可耻之甚!"〔1〕陶模在《培养人材疏》中也说："天下大弊在于官多。"官有限而候补之官无限，"于是有筮仕一二十年而不得一事者"。待混得一官半职，已是久困之余，"难言志节"。于是"文官则剥民蚀帑，武官则侵饷缺额"〔2〕，几乎相习成风。养冗员，成腐败，必须治理。张之洞叫停分发，目的在于防治冗员。

整顿中法，倡导新政

【原文】

治国如治疾，然阴阳之能为患者，内有所不足也。七情①不节，然后六气②感之，此因内政不修，而致外患之说也。疗创伤者，必先调其服食，安其藏府③，行其气血，去其腐败，然后施以药物针石而有功，此欲行新法必先除旧弊之说也。盖立国之道大要有三：一曰治，二曰富，三曰强国。既治则贫弱者可以力求富强，国不治则富强者亦必转为贫弱。整顿中法者所以为治之具也，采用西法者所以为富强之谋也。谨将中法之必应整顿变通者，酌拟十二条：一曰崇节俭，二曰破常格，三曰停捐纳，四曰课官重禄，五曰去书吏，六曰去差役，七曰恤刑狱，八曰改选法，九曰

〔1〕汪叔子编：《文廷式集·芸阁偶记》，中华书局1993年版，第767页。
〔2〕《戊戌变法资料》(二)。

筹八旗生计，十曰裁屯卫，十一曰裁绿营④，十二曰简文法。[1]

【注释】

①七情：中医学名词。喜、怒、忧、思、悲、恐、惊七种情志的总称。

②六气：中医学名词，指自然界风、寒、暑、湿、燥、火六种气候。

③藏府：中医学名词。同“脏府”，人体内脏器官组织的总和。

④绿（lù）营：清代除原有八旗兵外，又另募汉人编成军队，用绿旗，称绿旗兵或绿营兵。

【译文】

治国如治病，然而阴与阳能够导致病患的原因，是体内有所不足哇。七情不控制，然后六气与之相感应，这是因为内政不修，而导致外患的说法。如要疗治创伤，必须先调节病人的饮食，安定其脏腑，通畅其气血，去除其腐烂之处，然后施以药物、针石而后有功效，这就像要推行新法必先除去旧弊的说法。立国的大道大概有三种：一是政治清明，二是经济富足，三是军事强大。政治清明之后，经济贫弱的国家可以勉力求得富强；国家政治腐败，即使富强也一定转为贫弱。整顿中国政道是用来整饬政治的途径，采用西方法治是用来谋求富强的策略。谨将中国法治中必应整顿变通的，酌情拟定十二条：一是崇节俭，二是破常格，三

〔1〕《张之洞全集》第二册《奏议五十三·遵旨筹议变法谨拟整顿中法十二条折（光绪二十七年六月初四日）》，第1407页。

是停捐纳，四是课官重禄，五是去书吏，六是去差役，七是恤刑狱，八是改选法，九是筹八旗生计，十是裁屯卫，十一是裁绿营，十二是简文法。

【评述】

八国联军侵华硝烟尚未散去，张之洞上十二条陈，劝说惊魂未定的清朝最高统治者革新自救。十二条针对中国经济、政治、军事、文化等千疮百孔的现实，一个问题一个问题地梳理，切中时弊，对症下药，积极疗治。张之洞因此成为清末新政的主要倡导者。但是，清末新政成就平平，走了过场，这也说明清王朝封建专制制度走到了尽头。

正气日伸，国本自固

【原文】

……臣平生以不树党援，不殖生产自励，他无所恋，惟时局艰虞，未能补救，累朝知遇，未能仰酬，将死鸣哀，不敢不摅其愚忠，泣陈于圣主之前。当此国步维艰，外患日棘，民穷财尽，百废待兴，朝廷方宵旰[①]忧勤，预备立宪，但能自强不息，终可转危为安。伏愿我皇上亲师典学[②]，发愤日新，所有因革损益之端，务审先后缓急之序，满汉视为一体，内外必须兼筹。理财以养民为本，恪守祖宗永不加赋之规。教战以明耻为先，无忘古人不戢[③]自焚之戒。至用人养才，尤为国家根本至计，务使明于尊亲大义，则急公奉上者，自然日见其多。方今世道陵夷，人心放恣，奔竞贿赂，相习成风，尤愿我皇上登进正直廉洁之士，凡贪婪好利者，概从屏除，举直错枉，虽无赫赫之功，而默化潜移，国家实受无穷之福，正气日伸，国本自固。凡此愚诚之过计，皆为圣德所优为。傥荷圣明采择，则臣虽死之日犹生之年。[1]

【注释】

①宵旰（gàn）：“宵衣旰食”的省称，即天不亮就穿衣起床，天晚了才吃饭歇息。

②典学：出自《书·说命下》：“念终始典于学。”这是傅说（yuè）勉励商高宗学习的话，后称皇子或帝王致力于学为典学。

③戢（jí）：检束，收敛。

【译文】

……我平生以不树朋党，不置产业自励，没有其他怀恋的，只是时局艰危，不能补救，几朝君主的知遇之恩，不能酬报，将死哀哭，不敢不尽愚忠，洒泪陈述于圣主之前。值此国运艰难、外患越来越严重、民穷财尽、百废待兴之际，当今君主正辛勤励志，预备立宪，只要能自强不息，最终就能转危为安。只希望当今皇上亲师苦学，发愤图强，每天都使政务有新起色，所有因袭革除增减的日情，务必审思先后缓急的次序，视满汉为一体，内政外交必须兼筹。理财以养民为本，恪守祖宗永不加赋的旧规。教授战备以明耻为先，不忘古人不加检束则自取灭亡的警诫。至于使用和培养人才，尤其是国家最根本的大计，务必使他们明了尊亲大义，那么，以公家为重侍奉君上的，自然会与日俱增。当

[1]《张之洞全集》第三册《奏议七十·遗折（宣称元年八月二十一日）》，第1824—1825页。

今世道衰颓，人心放纵，奔走追求贿赂，相习成风，尤其希望我皇上提拔正直廉洁的士子，凡是贪婪好利的人，一概屏除，把正直的人放到邪曲的人之上，即使无赫赫之功，而潜移默化，国家实在可以受无穷的福分，正气日见伸张，国本自然牢固。凡此忠诚的想法，都是圣德所首先要做的。倘若承蒙圣明采择，那么，臣虽死之日如同出生之年。

【评述】

遗折是大臣临终前所写的章表，死后上奏。张之洞临终之前，念念不忘推进立宪新政。他总结自己一生，称以不树党援、不殖生产自励，惟念振兴时局，进言“永不加赋”、用人养才。尤其是要选用廉正之士，屏除贪婪好利之人，说如此则正气日伸，国本自固。此遗折关乎国计民生，尽为肺腑谏言。

裁禁陋规，以俭养廉

【原文】

照得[①]本部院奉命抚晋，即闻前护院葆在藩司[②]任内，有筹议院署津贴之举。嗣又商令司道，有改提院署公费之议，已不胜其骇异。到任后，因谕令司道首府，凡本衙门旧有规礼，迅速作函传知通省，一概不准呈送。盘查藩运库陋规，并予裁除。……总之，本部院目击山西官穷民困，决意挽此颓风。于陋规少一分沾润，自必于公事少一分通融。所望凡我僚属，大法小廉，同修职守，上报国家厚恩，下为民生造福。诸君子之善，本部院与有荣焉。古人云：“以身教者从，以言教者讼。”若身教、言教而俱不从，本部院惟有白简③从事，不知其他。[1]

【注释】

①照得：查察而得，旧时上行公文和布告中常用的开头语。

②藩司：官名，南北朝时州刺史的别称；明、清时布政使的别称，主管一省民政与财务的官员。

③白简：古时弹劾官员的奏章。

【译文】

据了解本部院奉命到山西任巡抚时，就听说前护院葆在藩司任内，有筹议院署津贴的举动。随后又商议命令司道，有改提院署公费的议题，已经让人不禁诧异了。因此到任后，下令司道首府，凡本衙门旧有的规矩和礼仪，迅速发函传知全省，一概不准呈送。盘查出藩运库的陋规，一并给予裁除。……总之，本部院看到山西官穷民困，决心挽救这样的颓废风气。在陋规上少沾一分利润，自然一定在公事上少一分通融。希望凡是我的幕僚属下，大法小廉，共同修身奉公职守，上报国家的厚恩，下为民生造福。你们的善心善行，是本部院的荣幸。古人说："用行动来教育的，别人会跟着做；用空话来教育的，只能导致争吵。"如果身教、言教还有全不听从的，本部院只有用白简奏书弹劾，不会有其他解决办法。

【评述】

晚清政府公务人员的薪水低廉，官员仰仗收取陋规，政府及

〔1〕《张之洞全集》第四册《公牍一、咨札一・札藩司通饬永远裁禁陋规（光绪八年二月二十九日）》，第2299、2301页。

社会对之有所默认，而且各行各业均盛行馈赠陋规。咸丰同治年间，名士李莼客曾在日记里抱怨官为总督的张之洞送他的“礼”太轻。过了几天，他在日记里又有一段记载，为“午后至陶然亭，张之洞来，我避之”，可见张之洞从陋规金中提出来赠与李莼客的礼太轻，结果就得罪了这位名士（引自蒋梦麟《近代中国的陋规制度》）。张之洞主张裁撤陋规，澄清社会风尚，肃清社会风气，倡导以俭养廉，难能可贵。

同甘共苦，上下一心

【原文】

将弁之与士卒，同甘共苦，情若一家，平日必能恤其饥寒，厚其豢养，护如爱子，视如婴儿，而后可期上下一心，临敌得其死力。[1]

【译文】

武官与士卒同甘共苦，情如一家，平日一定能抚恤他们的饥寒，丰厚他们的豢养，爱护他们如同爱护自己的子女，呵护他们如同呵护婴儿，然后就能实现上下一心，临敌他们就会以死效力。

【评述】

鉴于将弁对士卒存在的盘剥与奴役，张之洞大力整饬营务。将官欺压士卒，影响军队战斗力。布告整肃，以严风纪，密切将

〔1〕《张之洞全集》第四册《公牍一、咨札一·札营务处严禁积弊（光绪八年四月二十五日）》，第2302页。

士关系，整合营队，以备一日缓急之用。

廉泉分润，共砥官廉

【原文】

大抵今世人情，豪于私馈而吝于公用。总由该道以应解院署各费银两，如果归之于上，纵多取亦所不惜。今以廉泉一勺，分润同人，上官不以见情，同僚不以为德。虽托名拨抵，而不愿之隐，实已流露纸上。本部院初不料该道貌似老成，机巧一至于此！尤不料立法之初，贵近者即已玩视如此！所拟拨抵绥远兵饷之议，断不准行。仍将本年夏季充公银两，立即专差妥靠丁役，解送饷局，毋再延误干咎。……现经本部院业已确实查明，并应责令该道，将前派各属公费数目据实开报，以便全裁立案，俾资遵守。万不能因该道距省较远，遂谓本部院一无闻见也。[1]

【译文】

大概今世的人情，在私人馈赠上很大方而在公用方面却很吝啬。总由该道以应解送院署的各费银两，如果归于上，纵然多取也不吝惜。今天用廉洁的泉水一勺，分别滋润同人，上官不以为是人情，同僚不以为是德行。虽然托名于拨抵账目，但是不如愿的内隐情绪，实际已经流露纸上。本部院最初料想不到该道貌似老成，却诡诈到了这等地步！尤其没有料想到立法之初，显贵们就已经玩世不恭到这种地步！所拟拨抵绥远兵饷的提议，绝对不

〔1〕《张之洞全集》第四册《公牍一、咨札一·札归绥道速解充公银两并开报公费数目（光绪八年五月二十七日）》，第2303、2304页。

可行。仍将本年夏季充公的银两，立即专派稳妥可靠的丁役，押解送往饷局，不许再延误犯错。……现在经过本部院已经确实查明，并应该责令该道，将前派各属的公费数目据实上报，以便于全裁立案，以资遵守。万不能因该道距省较远，就认为本部院一点儿也没有闻见。

【评述】

贪腐之风盛行，世情官场则豪于私馈而吝于公用，寡廉鲜耻，俗不长厚，专以公费巧立名目中饱私囊。张之洞澄叙饷费津贴，堵塞种种纰缪，循例照章，以期共砥官廉。

立品厉学，士习文风

【原文】

一、去棚费以汰积弊

查晋省棚费，出自新生者，惟瘠僻州县有之，如保德州、隰州一属及太原府属之兴县，汾州府属之石楼、宁乡、临县、永宁州，平阳府属之乡宁、吉州，绛州属之垣曲等县。保德州业经本部院于裁摊筹发棚规案内，批饬清源局通行示禁在案。公堂礼亦棚费之类，现棚费既出自公，则公堂礼亦在并裁之列，惟既有此名，若不指实禁绝，恐滋官吏私收之弊，且留后日取巧之端，自应札饬司局，转饬出示永革。

……

一、戒鸦片以作士气

查晋省士子，大半一入胶庠[①]，便染恶习。以学校而嗜好成风，非痛加创惩，不足以发聋振聩。本部院前有戒烟局之设，有种烟之禁，均经奏明在案。应请贵院将稽核之法，革烟之限，重申禁令。凡遇生员考等，童生入学，染嗜好者，文虽工而不录；能改过者，文平通而亦取。至应如何责成教官举报，廪保稽察，互结防维，统由贵院随时随地酌量情形办理，似不必拘定成式，致涉纷扰而滋流弊。

一、核教官以端表率

查教官位列师儒，自应立品厉学，若沾染嗜好，何能禁士子之吸烟？干预公事，何能禁士子之讦讼？月课季考，并具文而无之，何能禁士子之废学？应请贵院按临时，传齐面试，则各教官文章根抵暨有无嗜好，大概可知。并饬该管府州出具切实考语，互相印证。本部院会同贵院择取数员，分别举劾，庶师严然后道尊，道尊然后民知敬学。

一、裁陋规以恤寒素

查各儒学陋规，报事故者，丁忧起复者，学师有礼，学书门斗有费，习以为常。否则，废阁不报，岁试未到，例应除名。该生竟抱不白之冤。至举报节孝亦有需索，此何等事，取之毋乃伤廉！应一并裁禁。[1]

【注释】

①胶庠（xiáng）：周代学校名。周时胶为大学，庠为小学，后世通称学校为“胶庠”。

---

〔1〕《张之洞全集》第四册《公牍四、咨札四·咨学院筹商学校事宜》，第2402—2404页。

【译文】

一、去棚费以汰积弊

经查核山西省的棚费，出自新生的，仅贫瘠偏僻的州县有，如保德州、隰州及太原府下属的兴县，汾州府下属的石楼、宁乡、临县、永宁州，属平阳府的乡宁、吉州，属绛州的垣曲等县。保德州已经经本部院在裁摊筹发棚规案内，批令清源局通行示于禁止在案。公堂礼也是棚费之类，现棚费既然出自公家，则公堂礼也在一并裁减之列，只是既有此名，如不按实禁绝，恐怕滋生官吏私收的弊端，且留下日后取巧的先例，自然应当下文命令司局，转令出示永远革除。

……

一、戒除鸦片来振作士气

经核查山西省的读书人，大半一入学校，就染上恶习。因为到学校上学而染上鸦片瘾成为风行习气，不彻底地加以破除和惩治，就不足以振聋发聩、唤人清醒。本部院以前设有戒烟局，有关于种烟的禁令，都经过奏明圣上记录在案的。应当请贵院将查考的办法，取消的限期，重申一下禁令。所有遇到生员考等级试，童生入学时，有染烟瘾的，文章即使流畅精巧也不能录入；能改过的，文章就算只是平淡通顺也可以取录。至于应该怎样责成教官举报，廪保检查，互相防范维护，全部由贵院随时随地按当时的情形考虑估计着来办理，似乎也不必拘泥定式，以免导致牵连混乱而滋生弊端。

一、考核教官来端正榜样

经查核教官一职，位列师长儒者的尊位，自身应当树立品德，严格教学，如果教官沾染烟瘾，又怎么能禁止学生吸食鸦片？如果干预公事，又怎么能使学生不来揭发诉讼？如果月课季考，没有备好课文卷文，怎么能制止学生荒废学业？应当请贵院随机召齐面试，那么各位教官的文章功底和有无烟瘾，大致的情况都可以知道了。并且通令该管的府州长官出具切实的评语，互相印证。本部院与贵院共同选择一定数量的教官，分别实施该举措，或许能求得师道尊严，然后百姓才能够认识到要敬重学问。

一、减除陋规来体恤清贫

经查核各个学校有陋规，报告事故的学生，遭遇父母丧事需要丧期满后重新复学的学生，要给学校的老师送礼，给学校中的仆役送钱，都习以为常。如果学生没有按这样的规矩行事，就不能被上报内阁，不能被推荐岁贡，要按例在学校除名。该学生就会背负不白之冤。以至于推荐上报贞洁和孝顺时，也有类似索取。这是怎样的情况啊，这样索取不如说是损害廉洁的声名！应该一并去除和禁止。

【评述】

士习文风是社会风气的航标，在文明久远的中国尤其如此。兴办学校，实际上是培养未来的社会人，把握好学校建设、学风建设关系未来，关系全社会。因此，针对学校建设中的弊端，有针对性地进行整饬，至关重要。

除弊之才，以诚相待

【原文】

盐规本系赃私，特积习相沿，与者、受者，皆忘其为例所严禁，而地方文武但知索取规费，至盐路之通塞，绝不关心，所以私枭①充斥，额引滞销，吏治、鹾纲②均不可问。该署牧敷切指陈，既为探源之论，谅有除弊之才，前请借本银五千两不敷接办，准如所禀发给银一万两，以为行销之用，仍照原议起息。除饬筹饷局知照外，仰即备文具领，赴该局请领开办。[1]

【注释】

①私枭：旧时私贩食盐的人。

②鹾（cuó）纲：盐纲，旧时成批运输食盐的组织。

【译文】

盐规本是贪污营私，只是积习相沿，施予者、接受者，都忘了它是例规所严禁的，而地方文武官员只知道索取规费，至于盐路的畅通还是阻塞，一点儿也不关心，所以盐贩充斥，额引滞销，吏治、盐纲都不可问。该署官员详实而真切地指陈，既是探求根源的论说，想必又有除弊的才能，先前请求借本银五千两不足接办，准许如所禀告的发给银一万两，用来作为行销之用，仍然按照原来的议定收取利息。除让筹饷局知道外，望即时准备文书具领，到该局领取办理。

【评述】

在反腐倡廉中，勇于和善于除弊的人才，实属难得，当以诚相待，委以重任，为其提供活动条件，满足其特定需要。

---

〔1〕《张之洞全集》第六册《批牍二·批霍州方龙光禀详陈盐务积弊并请借本银（光绪九年四月初二日）》，第 4458 页。

制度变革，慎始勿偏

【原文】

窃惟立宪，良法也，美名也。谕旨预备立宪，固海内臣民之所欣愿。洞略晓时局，尤望其早见实行者也。譬如欲治多年之痼疾，必非一药所能愈，要须量其气体，相其病情，如专用杀虫之剂、麻肺之汤，药性与平日脏腑迥不相习，必致吐泻昏眩，五脏翻覆，立时困顿不支，一剂之后，断不敢再进二剂，则从此痼疾无就愈之望矣。洞所以前电力陈更张太多之弊，此电尤于裁判、司法独立一节不惮苦口力争，非阻立宪也，盖深盼立宪之局之必成者，莫洞若也。不然，洞为外吏三十年，岂不知州县之难得良吏哉？又岂不知劣员弊政之足以害民？即不为各省计，独不为乡里计、亲族计哉？披沥再陈，幸惟明察。漾。[1]

【译文】

我认为立宪，是良法，是美名。下旨预备立宪，本来是海内臣民所高兴并愿意做的。我略微通晓时局，尤其希望早日见到它的实行。譬如想着治理多年的痼疾，必然不是一服药所能治愈的，关键是要度（duó）量他的气血和体质，观察他的病情，如果专用杀虫的药、麻肺汤，药性与平日脏腑迥然不相适应，必然导致吐泻昏眩，五脏翻覆，立刻困顿不支，一剂药之后，断然不敢再进第二剂药，则从此痼疾没有痊愈的希望了。我所以在日前的电

---

〔1〕《张之洞全集》第十一册《电牍九十七·致军机处厘定官制大臣、天津袁宫保（光绪三十二年十二月二十四日丑刻发)》，第9578页。

文中力陈变革有太多弊端，此电文尤其于裁判、司法独立一节不怕苦口而力争，不是阻止立宪，是深盼立宪之局一定成功，这一点没有比得上我的。如果不是这样，我做外任官三十年，哪里不知道州县难得好的官吏？又哪里不知道劣员弊政足以害民呢？即使不为各省考虑，也不为乡里考虑、亲族考虑吗？尽力再次陈述，只望明察。漾。

【评述】

政治文明建设需要借鉴西方，但是，制度变革要考虑文化底蕴的作用，所以，不能简单照搬，不能盲目上马，要分析国情，量力而行，逐步推进，谨慎导引。

国体官制，慎重革新

【原文】

官制已议有眉目否？见沪报纸，各省督、抚衙门，拟设幕僚，名曰参事官，其首领名曰秘书长。设幕僚，极是好事。惟查秘书乃晋、隋、唐、宋以来天子宫禁之官，国初内三院大学士，其一曰秘书院①，乃宰相之职，此名万不可用。至参事官，乃日本故套，可厌已极。古来幕僚参佐，佳名甚多，何必抄袭日本？不惟窘陋，太损国体，似以酌改为妥。至司法独立之害，敝处去腊漾电已详。此事必宜慎重……敬。[1]

〔1〕《张之洞全集》第十一册《电牍九十八·致京鹿尚书（光绪三十三年正月二十四日亥刻发）》，第9585页。

【注释】

①秘书院：清代内三院之一，掌撰写与外国往来书札，摘录各衙门疏状，传布帝王命令及草拟祭文等。

【译文】

官制的议论有眉目了吗？见上海的报纸报道，各省的督、抚衙门，准备设立幕僚，称为参事官，它的首领名叫秘书长。设立幕僚，是极好的事。只是查秘书是晋、隋、唐、宋以来天子宫禁里的官。国初内三院的大学士，其中之一就叫秘书院，是宰相的职任。这个名字万万不能用。至于参事官，是日本的老称谓，令人厌恶之极。古来的幕僚参佐，好名很多，何必要抄袭日本？不只是窘陋，太有损于国体，似乎以酌情修改为妥。至于司法独立的危害，我处去年腊月漾电已详细说明。此事一定要慎重……敬。

【评述】

政治文明建设提上日程，但是国体官制革新，务须慎重。

世运明晦、人才盛衰，其表在政，其里在学

【原文】

古来世运之明暗、人才之盛衰，其表在政，其里在学。[1]

---

〔1〕《张之洞全集》第十二册《劝学篇序》，第9704页。

【译文】

古来世运的明暗、人才的盛衰，表面在政治，其实在学理。

【评述】

人才、学理决定政治，一流的政治家和治国之才，当修学养、通世情。固步自封、不学无术、有悖学理，必然损害政治治理。

学子修养，品学兼顾

【原文】

一、德行谨厚

德行不必说到精深微渺处，心术慈良不险刻，言行诚实不巧诈，举动安静不轻浮，不为家庭事兴讼，不致以邪僻事令人告讦，不谋人良田美产。住书院者不结党妄为，无论大场、小场，守规矩，不生事。贫者教授尽心，富者乐善好施，广兴义学，捐钱多买书籍，置于本处书院。即为有德。

近今风俗，人心日益浇薄，“厚”之一字，尤宜加意。

一、人品高峻

不涉讼，不出入衙门，不结交吏胥，不参预本州县局事。必不得已入局者，不侵渔。教书院、义学不素餐，求功名不夤缘[①]，试场不作弊。武生勿与帽顶（蜀人谓匪类为帽顶）来往。即为有品。

一、立志远大

不以一衿而自足，不以能文而自满。立志希古，不随流俗。无论学、行两端，常与古人比较，不以今人自宽。是谓远大。（常读书，常对古人，即是与古人比较法。常看史事，胸襟自然阔大。常览古人言行，志气自然增长。……）志在圣贤，固是远大。即思立功名、图进取，亦是立志。若得青衿②，视同极品，自雄乡里，营营锱铢，陋哉！

一、砥砺气节

士人立身涉世，居官立朝，皆须具有气节，当言则言，当行则行，持正不阿，方可无愧为士。乡愿一途，世俗所喜，圣人所恶。然气节非可猝辨，必须养之于平日。惟寒微时即与正士益友，以名节廉耻互相激发，则积久而益坚定矣。[1]

【注释】

①夤缘：攀附上升，比喻拉关系。

②青衿：本义指周代学子的服装。一般代指贤士、读书人。

【译文】

一、德行谨厚

德行不必精深细微地阐述大道理，心术慈爱善良不阴险忌刻，言行诚实不弄巧欺诈，举止安静不轻浮，不为家庭的事大兴诉讼，不致以邪僻事被人告发，不谋取别人的良田美产。住书院的学子不结党肆意妄为，无论大场、小场，守规矩，不滋事。贫穷的能够尽心教授，富有的也能做到乐善好施，广泛兴办义学，捐钱多买书籍，陈放在本处书院。这就是有道德。

近来风俗、人心日益浇薄，“厚”字尤其应当放在心上。

---

〔1〕《张之洞全集》第十二册《辅轩语·语行第一》，第9772—9773页。

一、人品高峻

不涉及诉讼，不出入衙门，不结交吏胥，不参与本州县局事。必不得已入局的，不从中侵吞牟利。教书院、义学不白吃饭，求功名不攀附、拉关系，在试场中不作弊。武生不与土匪来往。这就是有品行。

一、立志远大

不以穿上读书人的衣服而自足，不以会写文章而自满。所立志向希望与古人相同，不随流俗。无论学术还是品行两方面，常与古人相比较，不以是今人而自我宽慰。这就是远大。（常读书，常面对古人，就是与古人作比较。常看历史，胸襟自然阔大。常观览古人言行，志气自然增长。……）志在圣贤，本来就是远大。就是想立功名、图谋进取，也是立志。如果把进了学校穿上学子的衣服看成极品，自我称雄于乡里，蝇营狗苟，锱铢必较，那真是浅陋哇！

一、砥砺气节

读书人立身涉世，当朝做官，都必须具有气节，当说则说，当行则行，主持正义而不屈从阿附，才可以无愧作为士人。装作忠厚、实与恶俗同流合污的做法，世俗之人喜欢，而圣人厌恶。然而气节不可以一下子辨别明晰，必须在平日养成。只应当在寒微时就与正人君子良师益友以名节廉耻互相激发，则经长时间积累就更加坚定了。

【评述】

天下士子关乎天下安危否泰，学养和修养同样重要。张之洞《輶轩语·语行第一》是教导士子道德修养的手册，苦口婆心，语重心长。可观作者极重视德性修养在学术和政治中的作用。所论列的德行谨厚（心术慈良不险刻，言行诚实不巧诈，举动安静不轻浮）、人品高峻（教书院义学不素餐，求功名不夤缘，试场不作弊）、立志远大（不以一衿而自足，不以能文而自满，立志希古，不随流俗）、砥砺气节（当言则言，当行则行，持正不阿，方可无愧为士）等等，都有其启示意义。

第八节　康有为

【人物简介】

康有为（1858—1927），又名祖诒，字广厦，号长素，又号更生，晚年别署天游化人。广东南海人，人称“康南海”。中国近代维新派领袖。早年倡导变法，数次组织“公车上书”，组织强学会，创办《中外纪闻》，成立保国会。清光绪二十一年（1895 年）进士，官授工部主事。光绪二十四年四月二十四日（1898 年 6 月 11 日）被任命为总理衙门章京，准其专折奏事，筹备变法事宜。后因慈禧太后的干预，维新运动失败。康有为避难日本，自称持有皇帝的衣带诏，组织保皇会，鼓吹开明专制，反对革命。辛亥革命后，康有为于 1913 年回国，主编《不忍》杂志，宣扬尊孔复辟，成为保皇党领袖，反对共和制，一直谋划清废帝溥仪复位，始终宣称忠于清朝。1927 年 3 月 21 日病逝于青岛。著有《新学伪经考》、《孔子改制考》、《戊戌奏稿》、《大同书》等。2007 年，中国人民大学出版社出版《康有为全集》十二册。

阖辟求治，审时变通

【原文】

凡言治者，非徒法先王①法后王②可以为治也，当酌古今之宜，会通其沿革，损益其得失，而后能治也。损益其沿革得失，确然可以施之为治矣，不知施之之术，不足为治也。施之之术，有先有后，有轻有重，有宜先而后，有宜轻而重，有忽先忽后，忽轻忽重，在审时势、通民心，挈而抑之，顿而制之，举之九天之上，沈之九地之下，震之以雷霆，润之以雨泽，妙其控纵，而天下惟我所欲为，天下之治惟我所欲求，盖开塞之道得也。〔1〕

【注释】

①法先王：先秦以儒家为代表的“法古”的政治观，主张效法古代圣明君王的言行、制度，言必称尧、舜、文、武。与“法后王”相对。

②法后王：先秦以荀子、韩非为代表的“法今”的政治观，主张效法当代圣明君王的言行、制度，因时制宜。与“法先王”相对。

【译文】

凡是论及治理天下的，不是仅仅法先王或法后王就可以治理好的，应当斟酌古今的适宜性，会通其沿革变迁，增减其得失，

---

〔1〕 汤志钧编:《康有为政论集》上册，卷一《阖辟篇（1877 年前)》，中华书局 1981 年 2 月第 1 版，1998 年 6 月第 2 次印刷（下同），第 4 页。

而后能达到治境。增减它的沿革得失，明确可以实施于治理，但不知道施行它的策略，也不足以治理。施行它的策略，顺序有先有后，程度有轻有重，有适宜于先却后施行的，有适宜于轻却重的，有忽先忽后的，有忽轻忽重的，都在于审时度势、与民心沟通，要提挈却抑制，要整顿却制动，把它举到九天之上，让它沉到九地之下，用雷霆使它震动，用雨泽滋润它，巧妙地控制或放纵它，这样天下能怎样只看我想怎样做，天下的治理只看我要它达到什么样的效果，大概这样做就可以得到开阖通塞的治国之道了。

【评述】

“一阖一辟谓之变，往来不穷谓之通。”在康有为看来，由中国数千年历史和文化所造成的君主独尊之权是有巨大威力的，君主一颦笑像日月之照临，一喜怒像雷雨之震动，卷舒开合，抚天下于股掌之上，在时下各国之中，只有中国能做到这点。只要将君主的独尊之权与所谓“阖辟之术”会通，求得下情上达和辅佐之才，就可以长治久安。康有为认为，只要能够纳广言、取人才，就会救弊君权，赋予专制制度以生机。这说明他一方面认识到封建君主制度的缺陷，一方面又不能跳出封建主义窠臼来寻找解决中国封建政治周期性腐败的真正原因。

中西之别，制度文化

【原文】

夫中国之教，所谓亲亲而尚仁，故如鲁之秉礼而日弱。泰西[1]

之教，所谓尊贤而尚功，故如齐之功利而能强。所以至此者，盖由所积之势然。……泰西各艺，皆起于百余年来，其不及我中人明矣。然而泰西特以器艺震天下者，其所以鼓舞之异也。其设学以教之，其君、大夫相与鼓励之，其士相与聚谋之，器备资足，安得而不精？我聪明之士，则为诗文无用之学，以其愚者为之，而有精巧者，又未尝鼓励也，则安能致巧？是盖政教之异，不得归咎于中人之涣且钝也。[1]

【注释】

①泰西：犹“极西”，旧时泛指西方国家，一般指欧美各国。

【译文】

中国的教化，注重亲近自己的亲属而崇尚仁义道德，所以会出现像鲁国坚持礼教而日益衰弱的现象。欧美的教化，就是尊重贤人而崇尚事功，所以会有像齐国得功利而能强大的现象。所以能够形成这样的差异，大概是日积月累才造成这种局面的。……欧美的各种技艺，只不过都产生于最近这一百多年来，它们比不上我中国人是很显明的。然而欧美特以器具艺能威震天下，是因为其被激励的方式不同罢了。他们设立学科以教育民众，他们的君主、大夫相与鼓励，他们的士子相与聚谋，机器设备资金充足，怎么会不精呢？我国聪明的人，却在从习写诗作文无用的学问，让智商不高的人制作器具，即使有了能制作精巧的人，又不曾鼓励他们，怎么能达到精巧呢？这都是因为政教的差异，不能归咎

〔1〕《康有为政论集》上册，卷一《与洪给事右臣论中西异学书（1888 年）》，第 48— 49 页。

于中国人的涣散和迟钝。

【评述】

康有为对于中西政治制度之差别，深入到文化层面进行比较。中国之教，亲亲而尚仁，如鲁之秉礼而日弱。泰西之教，尊贤而尚功，如齐之功利而能强。所以至此者，盖由所积之势然。这说明文化、政治价值观的不同，造成了中西各自的命运。康有为特别注意到西方科学技术的发达和创新开拓精神的可贵。这说明，一些中国人认识到自身命运渐已沦落、政治生活周期腐朽，其原因就在于制度文化的差异。

内溃外入，亟须变法

【原文】

窃观内外人情，皆酣嬉偷惰，苟安旦夕，上下拱手①，游宴从容，事无大小，无一能举，有心者叹息而无所为计，无耻者嗜利而借以营私，大厦将倾而处堂为安，积火将然②而寝薪为乐，所谓安其危而利其灾者，譬彼病痿③，卧不能起，身手麻木，举动不属④。非徒痿也，又感风痰，百窍迷塞，内溃外入，朝不保夕，此臣所谓百脉败溃，病中骨髓，却望⑤而大忧者也。今兵则水陆不练，财则公私匮竭，官不择才而上且鬻官，学不教士而下患无学，此数者，人皆忧之痛恨焉，而未以为大忧者也。

……臣所欲言者三，曰变成法、通下情、慎左右而已。[1]

---

〔1〕《康有为政论集》上册，卷一《上清帝第一书（1888年12月10日）》，第55、57页。

【注释】

①拱手：谓无为而治。这里指无所作为。

②然：同“燃”。

③痿：中医指身体某一部分萎缩或失去功能的病。

④属（zhǔ）：连续，连缀。这里指行动时手脚灵便。

⑤却望：回头远看。

【译文】

我私下观察朝廷内外各种人的情状，他们都沉湎于恣情嬉戏，每天苟且怠惰，虚度光阴，只顾眼前的安乐，不作长久之计，上下卑躬恭顺，嬉游宴饮，心不在焉，事情无论大小，没有一件能办得妥当。有心的人空头叹息，完全没有应对办法；无耻的人唯利是图，趁机谋求私利；大厦将要倾覆而身在厅堂还以为安全，堆积的柴火将要燃烧却躺在上面取乐，如此麻木地安心于其危局、谋利于其灾害的情况，就像得了痿病，卧床不能起，身手麻痹，举动不便。不仅仅是肌体痿弱，又外感风痰，百窍迷糊堵塞，内里虚溃，外灾乘势而入，过了早晨却保不了晚上，这就是我所说的百脉溃烂，病已到了骨髓，真是回头远看而大为忧虑。今天说到兵勇，水军陆军都不操练，说到财物，则公家与私人都很匮乏，官府不选择人才任用官员，却在卖官鬻爵，学校不教育士子，下层担忧没有什么可学。这几点，人人都深感忧虑、深表遗憾，但没有人认为此乃极大的忧患。

……我所想说的有三点，变革旧法、通达民情、慎用左右。

【评述】

康有为看到时弊所在，根本原因还是内政腐败。内里溃烂，外病方入，危及生命。疗治之方，须标本兼及，变法不可回避。他认为晚清政府尚不在于无路可走，而在于皇权想不想、敢不敢、能不能施行变法，除旧布新。这说明康有为对君主专制还有幻想。

风俗教化，育民廉吏

【原文】

然富而不教，非为善经，愚而不学，无以广才，是在教民。……然近日风俗人心之坏，更宜讲求挽救之方。盖风俗弊坏，由于无教，士人不励廉耻，而欺诈巧滑之风成，大臣托于畏谨，而苟且废弛之弊作。……

夫教养之事，皆由国政。而今官制太冗，俸禄太薄，外之则使才未养，内之则民情不达，若不变通，无以为教养之本也。[1]

【译文】

然而国家富有却不对民众施以教化，不是好的方法，愚昧而不学习，不能广泛地增长才干，所以要教育民众。……然而近日风俗人心的败坏，更应当讲求挽救的办法。风俗败坏，由于没有教化，士人不明白何为廉耻，而欺诈巧滑的风气就会形成，大臣托身于畏恐谨慎，而苟且废弛的弊端就会兴起。……

教化与培养的事，都是国政。而当今官制太冗沉，俸禄太微

〔1〕《康有为政论集》上册，卷一《上清帝第二书（1895 年 5 月 2 日）》，第 130、132、133 页。

薄，对外则使贤才未能培养，对内则民情不通达，如果不变通，没有什么可以作为教化的根本。

【评述】

在“公车上书”的谏议中，康有为特别提到了风尚、教化对于教养百姓、整肃吏治的作用，由此还提到在制度上加以变革，例如裁撤冗员、提高俸禄，以利于廉洁政治。

求人才而擢不次

【原文】

然凡此富国、养民、教士、练兵之策，所以审端①致力者，则在乎求人才而擢不次②，慎左右而广其选，通下情而合其力，三者而已。……盖循资格者，可以得庸谨，不可以得异才，用耆老③者，可以守常，不可以应变。[1]

【注释】

①审端：检查修正，详尽公正。

②擢不次：即破格提拔。

③耆老：年老而有地位的士绅，或泛指老年人。

【译文】

然而凡是这些富国、养民、教士、练兵的略策，讲求公正、

〔1〕《康有为政论集》上册，卷一《上清帝第三书（1895年5月29日）》，第144页。

不遗余力的关键就在于提拔人才不拘一格、慎用左右亲信而广泛考察合适人选、了解下情而整合他们的力量这三个方面罢了。

……因循资格，可以得到平庸而谨小慎微的人，不可能得到卓异的人才；用资格老、年龄长的人，可以持守常道，但不可以应对时事的变化。

【评述】

时事维艰，得人则兴。用人两种方式，一是序迁，一是破格提拔。前者仅得庸谨之人，难当大任重任，唯有德高才异之士，才能扭转时局，挽狂澜于既倒。

革除弊政，革新制度

【原文】

皇上若深观时变，稍降尊严，职所欲言者有五焉：

一曰下诏求言，破除壅蔽，罢去忌讳，许天下言事之人到午门递折，令御史轮值监收，谓之上书处，如汉公车之例，皆不必由堂官[①]呈递，亦不得以违碍阻格，永以为例。若言有可采，温旨[②]褒嘉，或令台对，霁颜[③]询问，庶辟门明目，洞见万里。

二曰开门集议，令天下郡邑十万户而推一人，凡有政事，皇上御门令之会议，三占从二，立即施行，其省府州县咸令开设，并许受条陈以通下情。

三曰辟馆顾问。……

四曰设报达聪。……

五曰开府辟士。……〔1〕

【注释】

①堂官：明、清对中央各部长官如尚书、侍郎等的通称，因在各衙署大堂上办公而得名。“堂官”对“司官”而言，各部以外的独立机构的长官，如知县、知府等，亦可称“堂官”。

②温旨：温和恳切的诏谕，对帝王诏谕的敬称。

③霁颜：收敛威怒之貌，或和颜悦色貌。

【译文】

皇上您如果能深刻观察时局的变化，稍微降低尊严，可以看出我所说的有五个方面：

一是下诏征求谏言，破除壅塞和蒙蔽，罢除忌讳，允许天下言事的人到午门前上递奏折，让御史轮班监收，称它为上书处，如汉代的公车的样子，都不一定要由堂官呈递，也不得以违碍阻止，永远把它作为定例。如呈奏的有可采用的，下旨褒扬嘉奖，或者让他登堂讲论，和颜询问，这样做大概可以拓辟门径，光明眼目，洞见万里。

二是开门收集建议，让天下郡邑十万户推举一人，凡有政事，皇上到场让他们聚会讨论，意见有三分之二的人同意，立即施行，其省府州县都下令开设，并允许接受条陈以沟通下情。

三是开辟专门馆舍备求顾问。……

四是举办报纸以求明察舆论。……

---

〔1〕《康有为政论集》上册，卷一《上清帝第四书（1895 年 6 月 30 日）》，第 158 页。

五是开府辟士。……

【评述】

康有为倡导变法，针对的是中国当时百弊丛生的时局，变法之策，和缓稳妥，但是逐渐触及了制度变革层面，像厚俸禄养廉以劝吏耻、设报达聪以及辟馆顾问、开门集议，都非革新制度难以落实，而新的制度将由此孕育。可以推测，变法将使清王朝伤筋动骨，因此，虽然力图革除腐败政治，但一触及制度变革，保守势力肯定出来竭力反对。

废除八股取仕，兴起有用之学

【原文】

泰西人民自童至冠，精力至充之时，皆教之图算、古今万国历史、天文地理及化光电重、格致法律、政治公法之学，其农工商贾，亦皆有专门之学，故人人有学，人人有才，即其兵亦皆由学出，识字绘图测量阅表，略通天文地理格致医学始能充当。而我自童时至壮年，困之以八股之文，禁其用后世书，以使之不读史书掌故及当今之务，锢之以搭截[①]枯窘虚缩之题，钩渡挽入口气破承开讲八比[②]之格，使之侮圣而不言义理，填词而等于俳优。束之极隘，驱天下出于一途；标之甚高，使清班必由此出。得之累资格，则可任台司封疆；失之为举贡，亦分任守令教佐。上之为师傅，则宗室亲藩之学识锢焉；下之为蒙师，则农工商兵之学识锢焉。故自皇上聪明天纵之外，使举天下无人不受不学侮圣之传，以成其至陋极愚之蔽，目不通古今，耳不知中外，故至理财无才，治兵无才，守令无才，将相无才，乃至市井无才商，田亩无才农，列肆无才工，晦盲迂谬，西人乃贱吾为无教，藐吾为野蛮，纷纭胁割，予取予求③，而莫敢谁何，皆八股之迷误人才有以致之也。

……臣愚以为新政之最要而成效最速者，莫过于此。[1]

【注释】

①搭截：清代科举考试八股文，有取经文中某段末句和下段首句，或上句的后半句、末一字和下句的前半句、第一字，连接起来作试题的，称“搭截”。也叫“搭截题”、“搭题”。

②八比：八股文的别称。

③予（yú）取予求：原指从我这里取，从我这里求（财物）。后用来指任意索取。

【译文】

欧美国家的人民自儿童至成年，精力极为充沛的时候，都会教育他们关于图算、古今万国的历史、天文地理以及化光电重、格致法律、政治公法的学问，其农工商贾，也都有专门的学问，所以人人有要学的东西，人人有才能，即使他们的士兵也都是由学校培养出来，由具有识字绘图测量阅表，略通天文地理格致医学才能的人充当。而我国自儿童到壮年，用八股文困住他们，禁止他们用后世的书，让他们不读史书掌故以及关于当今的事务方面的书，用搭截枯窘虚缩的题目，用钩连过渡挽入口气破承开讲八比的格式来禁锢他们，使他们侮没圣人而不言说他们的义理，

---

〔1〕《康有为政论集》上册，卷一《请废八股以育人才折（代徐致靖拟，1898 年 6 月 22 日）》，第 285—286 页。

只是填词而相等于工于滑稽杂耍的艺人。束缚他们到了极为狭隘的地步，驱赶天下读书人走上这一条路途；标榜很高，使清贵的官班必由此出。得到功名就可积累资格，就可以担任台司封疆大吏；失去它而获得举贡，也可以分任守令教佐。在上为师傅，则宗室亲藩的学识被它禁锢了；在下为蒙师，则农工商兵的学识被禁锢了。所以天资聪明的皇上除外，让全天下无一人不接受不学习而辱没圣人的衣钵，受到他们极为卑陋极为愚昧的蒙蔽，眼睛不能通古今，耳朵不知道中外，所以导致理财没有人才，治兵没有人才，守令没有人才，将相没有人才，乃至市井没有有才的商人，田亩没有有才的农民，各个作坊没有有才的工人，都是愚昧荒谬，西方人贱视我们是没有教化，藐视我们是野蛮，纷纷威逼割地，任意索取，而没有谁敢说什么，都是八股的迷惑耽误人才到了这等地步。

……愚臣认为新政中最要紧而成效最快的，没有超过废除八股了。

【评述】

这是康有为替清末维新派高官，礼部右侍郎、翰林侍读学士徐致靖代拟的奏折。八股取仕是选官制度，它的积极作用是保障社会垂直公平流动。但是，它又等同了教育制度，使选官混同了育才，窒息了民智开发和科技文化传播，“官本位”排挤了教育文化的发展进步，在一定程度上妨碍了中国近代化步伐，这是它最大的弊端。废科举势在必行，尽快兴建新式学校、学习近现代科学文化，是中国的时代任务。

政俗学艺，竞尚日新

【原文】

臣窃怪诸欧小国，仅如吾一府一县，大如英、德、法、奥、意，亦不过吾一二省，其民大国仅得吾十之一，小国得吾百之一，而大国富强，乃十倍于我，小国亦与我等，其理何哉？深考其由，则以诸欧政俗学艺，竞尚日新，若其工艺精奇，则以讲求物质故。

……

夫今已入工业之世界矣，已为日新尚智之宇宙矣，而吾国尚以其农国守旧愚民之治与之竞，不亦傎①乎！皇上诚讲万国之大势，审古今之时变，知非讲明国是，移易民心，去愚尚智，弃守旧，尚日新，定为工国，而讲求物质，不能为国，则所以导民为治，自有在矣。

乞下明诏奖励工艺，导以日新，令部臣议奖创造新器，著作新书，寻发新地，启发新俗者。著新书者，查无抄袭，酌量其精粗长短，与以高科，并许专卖。创新器者，酌其效用之大小，小者许以专卖，限若干年，大者加以爵禄，未成者出帑助成。其有寻新地而定边界，启新俗而教苗蛮，成大工厂以兴实业，开专门学以育人才者，皆优与奖给，则举国移风，争讲工艺，日事新法，日发新议，民智大开，物质大进，庶几立国新世。有恃无恐，伏乞皇上圣鉴。谨奏。〔1〕

---

〔1〕《康有为政论集》上册，卷一《请厉工艺奖创新折（1898年6月26日）》，第288、290页。

【注释】

①傎（diān）：亦作“颠”，即颠倒错乱意。

【译文】

我奇怪欧洲诸小国，仅如我一个府一个县那么大，大一些的像英、德、法、奥、意，也不过我国一两个省那么大，它们的百姓，大国也仅是我国十分之一，小国只是我国的百分之一，而大国富强程度竟是我国的十倍，小国也与我国相等，其道理在哪里呢？深深思考其中的缘由，是因为欧洲诸国的政俗学艺，竞先崇尚日新月异，如他们工艺的精奇，则是因为追求物质的结果。

……

今天已经进入工业化的世界了，已经成为追求日新崇尚智力的宇宙了，而我国还以农国守旧愚民政治与他们竞争，真是颠倒了呀！皇上真能讲求万国的大势，审思古今的时变，明晓如果不讲明国家大计，变易民心，去除愚昧，崇尚智慧，放弃守旧，崇尚日新，一定成为工业国家而讲求物质，就不能治理国家，于是就要引导民众从事治理，自然就可以了。

乞求皇上颁下明诏奖励工艺，引导百姓日新月异，让部属臣工议论奖励创造新器，著作新书，寻找发现新地，启发新的风俗。著新书的人，经查核没有抄袭的现象，考核评定它的精粗长短，给予高度评价，并允许专卖。创制新器的人，评定其效用的大小，小的允许专卖，限定若干年，大的给予爵禄，没有成功的人出钱帮助其成功。其中有寻觅新地而立定边界，开启新的风俗而教化苗蛮，建成大工厂以兴办实业，开专门学校培育人才的人，都给予优厚的奖励，则举国变移风俗，争先恐后地讲求工艺，天天设立新法，天天发明新议，民智大开，物质大进，差不多就可以建立国家的新天地了。臣下我有恃无恐，乞望皇上明鉴。谨奏。

【评述】

康有为发现了西方文明最值得学习的地方，这就是它的创新精神、创新能力和对于创新的激励。中国传统文化以儒学为代表，也有鼓励创新的成分，但是总的说来具有极强的保守性。这就造成了中西方到近代以后的命运格局。

融通中西，革新文化

【原文】

臣窃维中国人才衰弱之由，皆缘中西两学不能会通之故，故由科举出身者，于西学辄无所闻知，由学堂出身者，于中学亦茫然不解。夫中学体也，西学用也，无体不立，无用不行，二者相需，缺一不可。今世之学者，非偏于此即偏于彼，徒相水火，难成通才，推原其故，殆颇由取士之法歧而二之也。臣以为未有不通经史而可以言经济者，亦未有不达时务而可谓之正学者，教之之法既无偏畸，则取之之方当无异致，似宜将正科[①]与经济岁科合并为一，皆试策论：论则试经义，附以掌故；策则试时务，兼及专门。泯中西之界限，化新旧之门户，庶体用并举，人多通才。且并两科为一科，省却无数繁费，不然，则岁岁举行乡会试，国家财赋断不能支。如承采择，乞将巨②所陈交部一并议覆。[1]

【注释】

①正科：明、清科举制，按常规每三年举行一次乡试、会试。乡试逢子、午、卯、酉年为正科，会试逢丑、未、辰、戌年为正科，区别于临时特设的其他专科和加行的恩科。

②巨：同“渠”。他。

【译文】

我认为中国人才衰弱的缘由，都缘于中西两学不能会通的缘故，所以由科举出身的，对西学就无所闻知，由学堂出身的，对中学也茫然不解。中学为体，西学为用，无体不立，无用不行，二者互相需要，缺一不可。今天的学者，不是偏于这就是偏于那，几乎是水火不容，难以成为通才，推究其原因，大概在很大程度上是由于取士的办法分歧而有差别了。我认为没有不通经史而可以讲论经济的，也没有不通达时务而可称作正学的，教育的方法既没有偏于一端，则选取士人的方法就应当没有不同了，似乎应当将正科与经济岁科合并为一，都考试策论：论则考试经义，附举考查掌故；策则考试时务，兼及专科。消除中西学术的界限，化解新旧门户，这样才能体用并举，人多通才。况且合并两科为一科，省却无数繁富的费用，不这样，则年年举行乡试、会试，国家财政肯定不能支付，如承蒙采择，希望将他所陈述的交部一

---

〔1〕《康有为政论集》上册，卷一《奏请经济岁举归并正科各省岁科试迅即改试策论折（代宋伯鲁拟，1898年6月30日）》，第294—295页。

并议复。

【评述】

人才的匮乏是教育与文化弊端所致。变革此局，教育制度要改革，文化也要变革。中西文明正面相撞，实现两者融通，任重道远。只有新文化才能养育新文明。

办新学堂，兴新教化

【原文】

查中国民俗，惑于鬼神，淫祠①遍于天下，以臣广东论之，乡必有数庙，庙必有公产。若改诸庙为学堂，以公产为工费，上法三代，旁采泰西，责令民人子弟，年至六岁者，皆必入小学读书，而教之以图算、器艺、语言、文字，其不入学者，罪其父母。若此则人人知学，学堂遍地，非独教化易成，士人之才众多，亦且风气遍开，农工商兵之学亦盛。……如蒙采择，伏乞明降谕旨，饬下各省督抚施行，严课地方官以为殿最②，违者劾其一二，以警其余，庶几风化可广，人才大成，而国势日强矣。[1]

【注释】

①淫祠：不合礼义而设置的祠庙，邪祠。

②殿最：古代考核政绩和军功，下等称为“殿”，上等称为“最”。亦泛指等级的高低上下。引申指考课、评比。

---

〔1〕《康有为政论集》上册，卷一《请饬各省改书院淫祠为学堂折》，第313页。

【译文】

考察中国民俗，迷惑于鬼神，淫祠遍于天下，以我所出生的广东说来，每乡必有几个庙宇，每庙必有公产。如果改庙为学堂，以公产为工费，效法三代，兼以学习欧美，责令百姓子弟，年到六岁的，都必须进入小学读书，而教给他们图算、器艺、语言、文字，那些不入学的，要对他们的父母论罪。如果这样就会人人知道学习，学堂遍地，不只教化容易成功，士人的才能众多，同时也就使得风气遍开，农工商兵的学也就兴盛了。……如果承蒙采纳这个意见，请明降谕旨，让下面的各省督抚施行，严格考核地方官，评出等级，违者整治其中的一两个，以警戒其余，也许风俗教化可以扩大，人才都可以养成，而国势日渐强大。

【评述】

中国历来有兴学传统，只是学习内容多是为了维护封建专制统治，其间也伴随着对百姓的经济剥削和思想愚化。办新学堂，当然不能助长而应当剔除封建专制教育的这些弊端。可以利用原有的接近老百姓的公共场所，如书院、淫祠，改造成新学堂，推行新式教育，如此就能尽快起到除旧布新的作用。康有为在这里提出重视民间智力开发的问题，很值得重视。只有普遍提高文化水平，建设高度的精神文明，才能建设高度的政治文明。

开制度局，议行新政

【原文】

伏乞皇上躬秉乾断，立开制度局，选一国之才，而公议定之。

统筹全局，乃次第施行，其于变法，庶能少弊。[1]

【译文】

请皇上亲自裁决，立即开设制度局，选拔一国的人才，通过公议决定政务。统筹全局，逐步施行，其对于变法，就可以减少弊端。

【评述】

参与戊戌变法的学人，向皇上提出的最深刻的举措就是开设制度局，虽然这一建议接近于设“议院”，但两相比较，前者只是轻描淡写地敲边鼓，只是在封建专制允许的范围内广搜民意、笼络人才的一项动议。即使这样，也不为保守专制势力所容，可见其腐败已经不可救药了。

道德教化，治理之本

【原文】

夫人有耳目心思之用，则有情欲好恶之感，若无道教以范之，幽无天鬼之畏，明无礼纪之防，则暴乱恣睢，何所不至。专以法律为治，则民作奸于法律之中；专以政治为治，则民腐败于政治之内。率苟免无耻暴乱恣睢之民以为国，犹雕朽木以抗大厦，泛胶舟①以渡远海，岂待风雨波浪之浩汹涌哉！若能以立国也，则世可无圣人，可无教主矣。[2]

〔1〕《康有为政论集》上册，卷一《请开制度局议行新政折》，第352页。
〔2〕《康有为政论集》下册，卷三《孔教会序二（1912年10月7日）》，第735页。

【注释】

①胶舟：用胶粘合的船。

【译文】

人有了耳目心思的功用，就有了情欲好恶的感觉，如果没有道德教化规范他们，没有对幽冥中神鬼的畏惧，明处没有礼仪法纪的规范，那么暴乱恣肆，没有什么不会发生。专用法律治理，则百姓会在法律的范围内作奸犯科；专用政治治理，则百姓在政治的范围之内行腐败之事。大概以苟且免于无耻暴乱恣意妄为之民成为国家，如同雕刻朽木以支持大厦，驾驶粘合的船来渡远海，如何能经受住风雨波浪的浩瀚汹涌啊！如果能以此立国，则世上就可以没有圣人，可以没有教主了。

【评述】

治理国家，务以教化为根本。舍此，专以法律为治，则民作奸于法律之中；专以政治为治，则民腐败于政治之内。风俗宜，人心安，其道顺，则政治何患不清明？康有为晚年倡导孔教，主要原因可能就在于儒学是道德教化之学，演成孔教，供人迷信，即可塑造中国民心风尚。从社会心理学学理上看有一定根据，但就儒学的逆现代化、柔化保守的功能性质看，康有为的这一主张是反历史潮流的。

第九节 梁启超

【人物简介】

梁启超（1873—1929），中国近代思想家，戊戌变法运动领袖之一。字卓如，号任公，别号饮冰室主人。广东新会人。光绪十五年（1889 年）中举。光绪十七年就读于万木草堂，接受康有为的思想学说，并由此走上改良维新的道路，时人合称“康梁”。二十一年参与组织“公车上书”，帮助康有为创建强学会，筹办《时务报》并任总编述。二十四年参与“百日维新”，光绪帝赏六品衔，奉旨办译书局。戊戌政变后避难日本，主编《清议报》，继编《新民丛报》。在日本企图与孙中山合作。二十六年与康有为、唐才常等发动“勤王运动”。创《新小说报》，倡“小说界革命”，成立政闻社。辛亥革命后，曾任司法总长、制局总裁、内阁财政总长、京师图书馆馆长。1929 年 1 月 29 日病逝于北平。一生著述宏富，所遗《饮冰室合集》计一百四十八卷，一千余万字。2003 年，北京出版社出版《梁启超全集》十册。

办报利国，去塞求通

【原文】

觇国[①]之强弱，则于其通塞而已。……

去塞求通，厥道非一，而报馆其导端也。无耳目，无喉舌，是曰废疾。今夫万国并立，犹比邻也，齐州以内，犹同室也。比邻之事，而吾不知，甚乃同室所为，不相闻问，则有耳目而无耳目；上有所措置，不能喻之民，下有所苦患，不能告之君，则有喉舌而无喉舌。其有助耳目、喉舌之用，而起天下之废疾者，则报馆之为也。[1]

【注释】

①觇（chān）国：观察国情。觇，窥视，观测。

【译文】

观察国情的强弱，是看它上下通达还是闭塞就可以了。……

去除闭塞求取通达，其方法并非一种，而报馆开其端。没有耳目，没有喉舌，这就是残废。今天万国并立，犹如邻居，世界以内，如同一室也。邻居的事情，而我不知道，甚至同室所做的事情，也不互相打听访问，则有耳目就像没有耳目；上层有什么措施颁布却不能传达给百姓，下层有什么苦痛忧患也不能上传给君上，则有喉舌就像没有喉舌一样。有帮助耳目喉舌通达的功用，而能去除天下的废疾，这是报馆的功效。

【评述】

办报馆是近代之后出现的。报纸通过报道传送信息，使之在全社会公之于众。因此，报纸有通达信息的作用，在反腐倡廉建设中就有监督与促进作用。

---

〔1〕 陈书良编：《梁启超文集·政论·论报馆有益于国事（1896 年 8 月 9 日）》，北京燕山出版社 2009 年 1 月第 2 版（下同），第 19 页。

防弊积弊，大公除弊

【原文】

先王之为天下也公，故务治事；后世之为天下也私，故务防弊。务治事者，虽不免小弊，而利之所存，恒足以相掩；务防弊者，一弊未弭，百弊已起，如葺漏屋，愈葺愈漏，如补破衲，愈补愈破。务治事者，用得其人则治，不得其人则乱；务防弊者，用不得其人则弊滋多，即用得其人而事亦不治。

……

悠悠二千岁，莽莽十数姓，谋谟①之臣比肩，掌故之书充栋，要其立法之根，不出此防弊之一心。谬种流传，遂成通理，以缜密安静为美德，以好事喜功为恶词，容容②者有功，哓哓③者必缺，在官者以持禄保位为第一义，缀学④者以束身自好为第一流。……

防弊之心乌乎起？曰：起于自私。请言公私之义。西方之言曰：人人有自主之权。何谓自主之权？各尽其所当为之事，各得其所应有之利，公莫大焉，如此则天下平矣。防弊者欲使治人者有权，而受治者无权，收人人自主之权，而归诸一人，故曰私。[1]

【注释】

①谋谟：谋划，制定谋略。

---

〔1〕《梁启超文集·政论·论中国积弱由于防弊（1896年10月27日）》，第22、24、25页。

②容容：纷乱动荡貌，这里形容随众附和。

③峣峣（yáo）：高貌，常形容性格刚直。

④缀学：谓从事编辑前人旧文之学问。

【译文】

先王以公心治理天下，所以以治事为要务；后世治理天下出于私心，所以以防备奸伪欺诈等弊端为要务。致力于治事的人，虽然不免有小的弊端，而益处的存在，常常足以掩盖弊端；致力于防弊的，一个弊端还没有消除，百弊已经产生，如修葺漏屋，愈修愈漏，如补破衣，愈补愈破。追求治事的人，任用适当的人就能得到治理，使用不合适的人就会导致混乱；致力于防弊的，用人不得当弊端就会越来越多，即使用人得当也得不到治理。

……

悠悠二千年，朝代更迭十几次，制定谋略的臣子一个挨着一个，有掌故的书汗牛充栋，而归纳其立法的根本，无不是出于防弊的用心。谬种流传得久了，就会变成真理，把缜密安静看成美德，对好事喜功却恶语相加，随众附和的人成了有功劳的人，性格刚直的人必有缺陷，当官的人以保持禄位为第一要义，做学问的人以约束自己、洁身自好为最上流。……

防弊的心怎么产生的呢？可以说是起于自私。请说一下公私的义理。西方人说：人人有自主的权力。什么是自主的权力？各自尽力于他所应当做的事，各人得到他所应得的利益，没有比这更公道的了，这样就会天下太平。防弊的人想让治人的人有权力，而让受治的人无权力，收众人的自主权而归于一人，所以说是自私。

【评述】

为防政弊，举措立法。立法丛生，束缚治理手脚，致使在官者以持禄保位为第一义，缀学者以束身自好为第一流。人人自保，自我奴化，公权归于私，遂成积弊。以大公无私之心，自主自立，各尽其所当为之事，各得其所应有之利，天下为公，公莫大焉，如此则天下平。

防弊之术，渐成积弊

【原文】

吾尝遍读二十四朝之政史，遍历现今之政界，于参伍错综①之中，而考得其要领之所在。盖其治理之成绩有三：曰愚其民，柔其民，涣其民是也。而所以能收此成绩者，其持术有四：曰驯之之术，曰饵②之之术，曰役之之术，曰监之之术是也。

……故夫国民非生而具此恶质也，亦非人人皆顽钝无耻也。其有不能驯者，则从而饵之；其有不受役者，则从而监之；举国之人，安有能免也？今日中国国民腐败至于斯极，皆此之由。

观于此，而中国积弱之大源，从可知矣。其成就之者在国民，而孕育之者仍在政府。〔1〕

【注释】

①参伍错综：语出《易·系辞上》："参伍以变，错综其数。"意为交互错杂。

〔1〕《梁启超文集·政论·中国积弱溯源论（1901年5月28日）》，第66、70页。

②饴（tiǎn）：用甜言蜜语探取。

【译文】

我曾遍读二十四朝的政治史，遍观当今的政界，在错综复杂之中，通过研究得到它的要领所在。大概其治理结果有三种：一是使它的百姓愚昧，一是使它的百姓柔顺，一是使它的百姓涣散。而所以能收到这样的成绩，其采用的办法有四种：即驯服的办法，欺骗的办法，奴役的办法，监督的办法。

……所以国民不是生来就具有这样的恶劣品质，也不是人人都愚昧无耻。有不能驯服的，则从而欺骗他们；有不受奴役的，则从而监督他们；全体国民，哪里有能免除的？今日中国国民腐败达到了这样一个极端，都是这个原因。看到这里，中国积弱的大根源，便可以知道了。成就积弱的在于国民，而孕育积弱的仍在政府。

【评述】

历史学家梁启超纵观各朝各代的政治史，认识到中国政治的目的是愚其民，柔其民，涣其民，总之是防范民众自主自省。为此，最高统治者对民众和官吏使用驯之之术，饴之之术，役之之术，监之之术，最终导致国民恭顺、矫伪、愚昧、狭隘，形成“恶质”国民，遂成积弊。因此，中国积弱之大源，其成就之者在国民，而孕育之者仍在政府。改造国民性，首先要变革政府治理方式。

公德匮乏，无以为政

【原文】

我国民所最缺者，公德①其一端也。公德者何？人群之所以为群，国家之所以为国，赖此德焉以成立者也。人也者，善群之动物也（此西儒亚里士多德之言）。人而不群，禽兽奚择？而非徒空言高论曰群之群之，而遂能有功者也；必有一物焉贯注而联络之，然后群之实乃举，若此者谓之公德。

道德之本体一而已，但其发表于外，则公私之名立焉。人人独善其身者谓之私德②，人人相善其群者谓之公德，二者皆人生所不可缺之具也。无私德则不能立，合无量数卑污虚伪残忍愚懦之人，无以为国也；无公德则不能团，虽有无量数束身自好、廉谨良愿之人，仍无以为国也。吾中国道德之发达，不可谓不早，虽然，偏于私德，而公德殆阙如。试观《论语》、《孟子》诸书，吾国民之木铎③，而道德所从出者也。其中所教，私德居十之九，而公德不及其一焉。[1]

【注释】

①公德：人们在履行社会义务或涉及社会公众利益的活动中应当遵循的道德准则。

②私德：是私人生活中的道德规范，指个人品德、修养、作风、习惯以及个人生活中处理爱情、婚姻、家庭问题、邻里关系

〔1〕《梁启超文集·政论·论公德（1902年3月10日）》，第113页。

的道德规范。

③木铎：以木为舌的大铃，铜质。古代宣布政教法令时，巡行振鸣以引起众人注意。后常以之喻宣扬教化的人。

【译文】

我国国民所最缺乏的素质中，公德就是其中之一。公德是什么呢？人群之所以成为群体，国家之所以成为国家，是依赖公德而成立的。人，是善于群体生活的动物（这是西方学者亚里士多德的话）。人如果不群体生活，怎么能与禽兽区别开来？不是只是空言高论说群体群体，就能够成为真正的群体的；一定是有一种东西贯注于其中而联络他们，然后群体的实体才能形成，这个东西就是公德。

道德的本体是一个，但它外显出来，就有公与私两种。人人独善其身的称它为私德，人人互相善待其群体的称它为公德，二者都是人生所不可或缺的工具。没有私德就不能立足，没有无数卑污虚伪残忍愚懦的人，不能成其为国家；没有公德就不能团结，虽有无数约束自己、洁身自好、廉洁谨慎而有善良愿望的人，也不成其为国家。我中国道德的发达，不能说不早，即使是这样，却仍偏于私德，而于公德几乎没有。试观《论语》、《孟子》等书，我国国民的宣扬教化的纲领，是道德所从出的地方。其中所教化的，私德占十分之九，而公德不到十分之一。

【评述】

中国人最讲究道德修养，但是这种道德修养仅仅是个人道德，仅仅是为了修养成一个社会顺民，是为私德。所谓公德，简言之就是人群之所以为群体，国家之所以为国家的伦理道德。由于公德缺乏，社会政治生活不能很好地组织，政治治理和社会风气常常毁败于少数为非作歹、不讲私德人手中。因此，不兴公德，难以成清明政治。

大众文学，教化大众

【原文】

欲新一国之民，不可不先新一国之小说。故欲新道德，必新小说；欲新宗教，必新小说；欲新政治，必新小说；欲新风俗，必新小说；欲新学艺，必新小说；乃至欲新人心，欲新人格，必新小说。何以故？小说有不可思议之力支配人道故。

……

抑小说之支配人道也，复有四种力：

一曰熏。熏也者，如入云烟中而为其所烘，如近墨朱处而为其所染，《楞伽经》[①]所谓“迷智为识，转识成智”者，皆恃此力。……

二曰浸。熏以空间言，故其力之大小，存其界之广狭；浸以时间言，故其力之大小，存其界之长短。浸也者，入而与之俱化者也。……

三曰刺。刺也者，刺激之义也。熏、浸之力，利用渐；刺之力，利用顿。熏、浸之力，在使感受者不觉；刺之力，在使感受者骤觉。刺也者，能入于一刹那顷忽起异感而不能自制者也。……大抵脑筋愈敏之人，则其受刺激力也愈速且剧。而要之必以其书所含刺激力之大小为比例。……故具此力最大者，非小说末由！

四曰提。前三者之力，自外而灌之使入；提之力，自内而脱之使出，实佛法之最上乘也。……度世之不二法门，岂有过此？

此四力者，可以卢牟[②]一世，亭毒[③]群伦，教主之所以能立教门，政治家所以能组织政党，莫不赖是。文家能得其一，则为文豪；能兼其四，则为文圣。有此四力而用之于善，则可以福亿兆人；有此四力而用之于恶，则可以毒万千载。而此四力所最易寄者惟小说。可爱哉小说！可畏哉小说！

……故今日欲改良群治，必自小说界革命始！欲新民，必自新小说始！〔1〕

【注释】

①《楞伽经》：又名《入楞伽经》，全称《楞伽阿跋多罗宝经》，意为释迦牟尼佛降临楞伽岛所说之经。菩提达磨以此经为禅宗"印心"的根据，唯识宗和早期禅宗以此作为主要典籍。

②卢牟（mù）：犹"规模"。

③亭毒：养育、化育。语出《老子》："长之育之，亭之毒之，养之覆之。"一本作"成之熟之"。高亨《正诂》："'亭'当读为'成'，'毒'当读为'熟'，皆音同通用。"养育、化育为引申义。

【译文】

想要使一国的民众获得新生，不可不先革新此国的小说。所以要想革新道德，一定要革新小说；想革新宗教，一定要革新小说；想革新政治，一定要革新小说；想革新风俗，一定要革新小说；想革新学艺，一定要革新小说；甚至于想革新人心、革新人

〔1〕《梁启超文集·政论·论小说与群治之关系（1902年11月14日）》，第207—210页。

格，一定要革新小说。这是为什么呢？因为小说有不可思议的支配人的精神的力量。

……

小说支配人的精神，还有四种力量：

一是熏。熏，就像进入云烟中而为其所烘一样，就像接近墨色和朱红色而为其所染一样，《楞伽经》所说的“迷智为识，转识成智”，都依靠这种力量。……

二是浸。熏是就空间而言，所以它的效力的大小，以广狭而论；浸以时间而言，所以它的效力的大小，以长短而论。浸，就是进入其中而与它一起变化。……

三是刺。刺，是刺激之义。熏、浸的力量，利用渐悟；刺的力量，利用顿悟。熏、浸的力量，在于使感受者没感觉；刺的力量，在使感受者骤然感觉。刺，能入于一刹那间突然生发奇异感而不能自制。……大概脑筋越聪敏的人，则其受刺激的力量也愈快且剧烈。而总之必然与其书所含刺激力的大小成比例。……所以具有此力量最大的，非小说莫属！

四是提。前三者的力量，自外灌输而使之进入；提的力量，自内摆脱而使之出来，实在是佛法最上乘的。……度世之不二法门，哪里有超过这个的？

这四种力量，可以规范一世，化育人群，教主之所以能立教门，政治家之所以能组织政党，没有不依赖于此的。文学家能得其中之一，则为文豪；能兼及其四者，则为文圣。有此四种力量而用之于行善，则可以造福亿兆世人；有此四种力量而用之于作恶，则可以毒害千秋万代。而这四种力量所最易寄托的只有小说。可爱呀小说！可畏呀小说！

……所以今天想要改良群治的关系，一定从小说界革命开始！想要使民众获得新生，一定从革新小说开始！

【评述】

大众文学是面向大众、能为大众的认知水平所接受的通俗化文学形式。小说是其中一种。小说通过其所讲述的文化内容对大众具有熏、浸、刺、提等独特功能，它的感性力量显而易见，因此，发展优秀的文化，可以教化大众。这或许是最该强调的。

焕发政治热情，关心国家大事

【原文】

西哲有言：国民恒立于其所欲立之地位。谅哉斯言！凡腐败不进步之政治，所以能久存于国中者，必其国民甘于腐败不进步之政治，而以自即安者也。……前此我中国国民，于专制政体之外，曾不知复有他种政体，则其反对之之意思无自而生，不足为异也。比年以来，立宪之论，洋洋盈耳矣，预备立宪之一名词，且见诸诏书矣，稍有世界知识者，宜无不知专制政体不适于今日国家之生存。……

夫所谓改造政府，所谓反对专制，申言之，则不外求立宪政治之成立而已。立宪政治非他，即国民政治之谓也。欲国民政治之现于实，且常保持之而勿失坠，善运用之而日向荣，则其原动力不可不还求诸国民之自身。其第一著，当使国民勿漠视政治，而常引为己任；其第二著，当使国民对于政治之适否，而有判断之常识；其第三著，当使国民具足政治上之能力，常能自起而当其冲。夫国民必备此三种资格，然后立宪政治乃能化成；又必先建议立宪政治，然后国民此三种资格乃能进步。谓国民程度不足，坐待其足然后立宪者妄也；但高谈立宪，而于国民程度不一厝意①者，亦妄也。故各国无论在预备立宪时，在实行立宪后，莫不汲汲焉务所以进其国民程度而助长之者。然此事业谁任之？则惟政治团体用力常最勤，而收效常最捷也。……我中国国民，久栖息于专制政治之下，倚赖政府，几成为第二之天性，故视政治之良否，以为非我所宜过问。其政治上之学识，以孤陋寡闻而鲜能理解；其政治上之天才，以久置不用而失其本能。故政府方言预备立宪，而多数之国民或反不知立宪为何物。政府玩愒②濡滞，既已万不能应世界之变，保国家之荣，而国民之玩愒濡滞，视政府犹若有加焉。于此之时，苟非相与鞭策焉、提挈焉，急起直追，月将日就，则内之何以能对于政府而申民义，外之何以能对于世界而张国权也？则政治团体之责也。……若夫政闻社所持之主义，欲以求同情于天下者，则有四纲焉：

一曰实行国会制度，建设责任政府。……

二曰厘订⑧法律，巩固司法权之独立。……

三曰确立地方自治，正中央地方之权限。……

四曰慎重外交，保持对等权利。……[1]

【注释】

①厝（cuò）意：注意，关心。

②玩愒（kài）：“玩岁愒日”的省称，亦作“玩时愒日”、

[1]《梁启超文集·政论·政闻社宣言书（1907年10月7日）》，第250、251—253页。

“玩时贪日”，意为贪图安逸，旷废时日。

【译文】

西方智者说过：国民常立于其所欲立的地位。这句话真是可信哪！凡是腐败不进步的政治能长久存于国中的原因，必然是他的国民甘于腐败不进步的政治，而以此求得暂时安生。……此前我中国的国民，在专制政体之外，竟不知还有其他样式的政体，则其反对它的意思无从产生，不足为怪异。近年以来，立宪的论述，洋洋满耳，预备立宪这一名词，也见于诏书了，稍有世界知识的人，应该没有人不知道专制政体不适合于今日国家的生存了。……

所谓改造政府，所谓反对专制，明确地说，不外乎求得立宪政治的成立罢了。立宪政治也不是别的，就是国民政治。想要国民政治实现，且常保持而不使坠落，善于运用它而日益向上，则其原动力不可不还求于国民的自身。其第一个办法，应当使国民不要漠视政治，而经常视其为己任；其第二个办法，应当使国民对于政治的适应与否，而有判断的常识；其第三个办法，应当使国民具有足够的政治上的能力，常能自起而当其冲。国民一定要具备这三种资格，然后立宪政治才能化成；又一定要先建议立宪政治，然后国民的这三种资格才能进步。认为国民程度不足，坐等其足然后立宪者是虚妄的；但高谈立宪，而于国民程度不作一点儿考虑，也是虚妄。所以各国无论在预备立宪时，在实行立宪后，莫不急切地追求所用来促进国民程度的事物。然而这个事业谁能担任？则只有政治团体用力常常最勤，而收效也常常最快。……我中国国民，长久栖息于专制政治之下，倚赖政府，几乎成为第二天性，所以无论看到政治的好坏，都认为不是我所应该过问的。其政治上的学识，因为孤陋寡闻而很少能理解；其政治上的天才，因为久置不用而失去其本能。所以政府才说预备立宪，而多数的国民或反而不知立宪为何物。政府贪图安逸，旷废时日，犹豫不决，既然已经绝对不能适应世界的变化，保护国家的光荣，而国民的贪图安逸，旷废时日，犹豫不决，与政府相比有过之而无不及。值此之际，假如不是相互鞭策提挈，急起直追，月将日就，则对内怎么能面对政府而伸张民义，对外则怎么能面对世界而伸张国权？这是政治团体的责任。……如政闻社所持的主义，想求同情于天下的，则有四纲：

一是实行国会制度，建设责任政府。……

二是制定法律，巩固司法权的独立。……

三是确立地方自治，匡正中央地方的权限。……

四是慎重外交，保持对等权利。……

【评述】

梁启超成立政闻社，以配合清政府“预备立宪”。梁启超等提出四大政纲，显而易见属于立宪派的政治主张。针对民众对政治的冷漠，梁启超讲话批评国民奴性，唤起政治热情，其思想底蕴还在于民主民治，值得给予认可。唯有唤醒民众积极监督政府，才有政治清明可言。

变举世之风气，挽一时之浩劫

【原文】

曾文正之殁，去今不过数十年，国中之习尚事势，皆不甚相远。而文正以扑拙之姿，起家寒素，饱经患难，丁①人心陷溺之极运，终其生于挫折讥妒之林，惟恃一己之心力，不吐不茹②，不靡不回，卒乃变举世之风气，而挽一时之浩劫。彼其所言，字字皆得之阅历而切于实际，故其亲切有味，资吾侪当前之受用者，非唐宋以后儒先之言所能逮也。孟子曰："闻伯夷之风者，懦夫有立志。"又曰："奋乎百世之上，百世之下闻者莫不兴起。"况相去仅一世，遗泽未斩，模楷在望者耶？则兹编也，其真全国人之布帛菽粟而斯须不可去身者也。[1]

【注释】

①丁：正当，遭逢。

②不吐不茹：即"柔亦不茹，刚亦不吐"。茹，吃。刚，即硬的东西。语出《诗·大雅·烝民》："人亦有言：'柔则茹之，刚则吐之。'维仲山甫，柔亦不茹，刚亦不吐，不侮矜（guān）寡，不畏强御。"后以"不吐不茹"形容人正直不阿，不欺软怕硬。

【译文】

曾文正去世，离今天不过几十年，国内的习俗风尚事势，都相去不远。而文正以朴拙的姿态，起于寒素，饱经患难，遭逢人心陷溺的极至厄运，其一生都处于挫折讥妒的丛林中，只凭恃一人的心力，不卑不亢，不折不挠，终于转化了整个时代的风气，而挽回了一时的浩劫。他所说的话，字字都得自于阅历而切于实际，所以这些话亲切有味，有益于我辈当前受用的，不是唐宋以

〔1〕《梁启超文集·政论〈曾文正公嘉言钞〉序（1916年）》，第307页。

后的儒者先贤的话所能及的。孟子说："闻伯夷的风采，懦夫可以立志。"又说："奋发于百代之上，百代之下闻者莫不奋起。"况且相去仅一代，遗留下来的德泽未断，他是还可以看到的楷模吧？编纂的这本《曾文正公嘉言钞》，真是如同全体国民的布帛菽粟一样，是时刻不能离身之物。

【评述】

梁启超盛赞曾国藩的一生建树和精神影响，认为他以朴拙之姿，起家寒素，饱经患难，立德、立功、立言三不朽，所成就震古铄今，卒乃变举世之风气，而挽一时之时势。一个人总可以通过自己的道德修养、读书学习，担当时代大任，实践孟子所说"人皆可以为尧舜"的箴言。

东西比较，监察弊端

【原文】

一

……我想，中国人对于科学的态度，有根本不对的两点：

其一，把科学看太低了，太粗了。……对于科学认为"艺成而下"的观念，牢不可破，直到今日，还是最爱说空话的人最受社会欢迎。做科学的既已不能如别种学问之可以速成，而又不为社会所尊重，谁肯埋头去学他呢？

其二，把科学看得太呆了，太窄了。……他们只知道科学研究所产结果的价值，而不知道科学本身的价值；他们只有数学、几何学、物理学、化学等等概念，而没有科学的概念。……我大胆说一句话：中国人对于科学这两种态度倘若长此不变，中国人在世界上便永远没有学问的独立，中国人不久必要成为现代被淘汰的国民。

二

科学精神是什么？我姑从最广义解释：“有系统之真知识，叫做科学，可以教人求得有系统之真知识的方法，叫做科学精神。”这句话要分三层说明：

第一层，求真知识。……

第二层，求有系统的真知识。……

第三层，可以教人的知识。……方法普及于社会，人人都可以研究，自然人人都会有发明。这是科学第三件主要精神。

三

中国学术界，因为缺乏这三种精神，所以生出如下之病证：

一、笼统。标题笼统——有时令人看不出他研究的对象为何物。用语笼统——往往一句话容得几方面解释。思想笼统——最爱说大而无当不着边际的道理，自己主张的是什么，和别人不同之处在那里，连自己也说不出。

二、武断。立说的人，既不必负找寻证据、说明理由的责任，判断下得容易，自然流于轻率。许多名家著述，不独违反真理而且违反常识的，往往而有。既已没有讨论学问的公认标准，虽然判断谬误，也没有人能驳他，谬误便日日侵蚀社会人心。

三、虚伪。武断还是无心的过失。既已容许武断，便也容许虚伪。虚伪有二：一、语句上之虚伪。如隐匿真证、杜撰假证或曲说理由等等。二、思想内容之虚伪。本无心得，貌为深秘，欺骗世人。

四、因袭。把批评精神完全消失，而且没有批评能力，所以一味盲从古人，靠剽窃些绪余①过活。所以思想界不能有弹力性，随着时代所需求而开拓，倒反留着许多沈淀废质，在里头为营养之障碍。

五、散失。间有一两位思想伟大的人，对于某种学术有新发明，但是没有传授与人的方法，这种发明，便随着本人的生命而中断。所以他的学问，不能成为社会上遗产。

以上五件，虽然不敢说是我们思想界固有的病证，这病最少也自秦汉以来受了二千年。我们若甘心抛弃文化国民的头衔，那更何话可说！若还舍不得吗？试想，二千年思想界内容贫乏到如此，求学问的涂径榛塞②到如此，长此下去，何以图存？想救这病，除了提倡科学精神外，没有第二剂良药了。[1]

【注释】

①绪余：抽丝后留在茧子上的残丝。后泛指剩余的、次要的部分。

②榛（zhēn）塞：犹“阻塞”。

【译文】

一

……我想，中国人对于科学的态度，根本不对的有两点：

其一，把科学看得太低了，太粗了。……对于科学认为“艺成而下”的观念，牢不可破，直到今天，还是最爱说空话的人最

〔1〕《梁启超文集·政论·科学精神与东西文化（1922年8月20日）》，第311—317页。

受社会欢迎。做科学的既已不能如别种学问之可以速成，而又不为社会所尊重，谁肯埋头去学它呢?

其二，把科学看得太呆了，太窄了。……他们只知道科学研究所产结果的价值，而不知道科学本身的价值；他们只有数学、几何学、物理学、化学等等概念，而没有科学的概念。……我大胆地说一句话：中国人对于科学的这两种态度如果长期不变，中国人在世界上便永远没有学问的独立，中国人不久必定成为现代被淘汰的国民。

二

科学精神是什么？我姑且从最广义解释："有系统的真知识，叫做科学，可以教人求得有系统的真知识的方法，叫做科学精神。"这句话要分三层说明：

第一层，求真知识。……

第二层，求有系统的真知识。……

第三层，可以教人的知识。……方法普及于社会，人人都可以研究，自然人人都会有发明。这是科学第三件主要精神。

三

中国学术界，因为缺乏这三种精神，所以生出如下的病症：

一、笼统。标题笼统——有时令人看不出他研究的对象是什么东西。用语笼统——往往一句话容得几方面解释。思想笼统——最爱说大而无当不着边际的道理，自己主张的是什么，和别人不同的地方在哪里，连自己也说不出。

二、武断。立论的人，既不必负找寻证据、说明理由的责任，判断下得容易，自然流于轻率。许多名家著述，不单单违反真理，而且违反常识的，常常有这种情况。既然已经没有讨论学问的公认标准，即使判断谬误，也没有人能驳他，谬误便日日侵蚀社会人心。

三、虚伪。武断还是无心的过失。既然已经容许武断，便也容许虚伪。虚伪有两种表现：一、语句上的虚伪。如隐匿真证、杜撰假证或曲说理由等等。二、思想内容的虚伪。本无心得，貌为深秘，欺骗世人。

四、因袭。把批评精神完全丢掉，而且没有批评能力，所以一味盲从古人，靠剽窃些残羹剩饭过日子。所以思想界不能有弹力性，不能随着时代需求而开拓，反倒留着许多沉渣废料，在里头成为营养的障碍。

五、散失。间或有一两位思想伟大的人，对于某种学术有新发明，但是没有传授给人的方法，这种发明，便随着本人生命的结束而中断。所以他的学问，不能成为社会的遗产。

以上五件，虽然不敢说是我们思想界固有的病症，但这病最少也从秦汉以来经受了两千年。我们如果甘心抛弃文化国民的头衔，那还有什么话可说！如果还舍不得吗？试想，两千年来思想界内容贫乏到这种地步，求学问的途径阻塞到这种地步，长此下去，凭什么生存？想治疗这病，除了提倡科学精神之外，没有第二剂良药了。

【评述】

梁启超通过对西方文化的研究和中西文化对比，发现了中国文化的内在缺陷和外在弊端，检讨了中国学风、文化之欠缺，尤其是科学和科学精神的匮乏。文化是制度、行为之母，检讨文化，才能寻找到腐败之类的社会问题的最深层次根源，对症下药，才能医好。治标不如治本，在文化上进行矫正，是根除腐败的根本之策。

第十节　严复

【人物简介】

严复（1853—1921），初名传初，曾改名宗光，字又陵，后名复，又字幾道，晚号瘉壄老人，福建侯官（今福州市）人。中国近代启蒙思想家、翻译家。同治六年（1867 年）入福州船政学堂学习驾驶。光绪三年（1877 年），赴英国学习海军，毕业于格林尼治皇家海军学院，回国后被聘为北洋水师学堂总教习，后升总办。中日甲午战争后，主张变法维新、武装抗击外来侵略，致力于翻译西学、启蒙救国。创办俄文馆、通艺学堂、《时务报》、《国闻报》和《国闻汇编》，发表《论世变之亟》、《原强》、《救亡决论》等，反对顽固保守，宣传变法维新。译《天演论》，以"物竞天择，适者生存"的论点，号召人们救亡图存，"与天争胜"，对当时思想界有很大影响。戊戌变法后，翻译《原富》、《群学肄言》、《法意》、《穆勒名学》等，传播西方资产阶级政治经济思想和逻辑学。还先后任复旦公学、北京大学校长。辛亥革命后，思想日趋保守，1913 年列名发起孔教会，1915 年列名发起筹安会，支持袁世凯称帝。1921 年 10 月 28 日在福州病逝。1986 年，中华书局出版《严复集》。

始于作伪，终于无耻

【原文】

昨者，有友相遇，慨然曰："华风之敝，八字尽之：始于作伪，终于无耻。"呜呼！岂不信哉！岂不信哉！今者，吾欲与之为微词，则恐不足发聋而振聩；吾欲大声疾呼，又恐骇俗而惊人。虽然，时局到今，吾宁负发狂之名，决不能喔咿嚅唲①，更蹈作伪无耻之故辙。今日请明目张胆为诸公一言道破可乎？四千年文物，九万里中原，所以至于斯极者，其教化学术非也。不徒嬴政、李斯千秋祸首，若充类至义言之，则六经五子亦皆责有难辞。嬴、李以小人而陵轹苍生，六经五子以君子而束缚天下，后世其用意虽有公私之分，而崇尚我法，劫持天下，使天下必从己而无或敢为异同者则均也。因其劫持，遂生作伪；以其作伪，而是非淆、廉耻丧，天下之敝乃至不可复振也。此其受病至深，决非一二补偏救弊之为，如讲武、理财所能有济。[1]

【注释】

①喔（ō）咿嚅唲（rú ér）：强颜欢笑的样子。

【译文】

昨天，有朋友相遇，慨叹说："中华风气的败坏，八个字可以说尽：始于作伪，终于无耻。"唉！说的难道不真实吗！说的难道

〔1〕 王栻主编：《严复集》第一册，诗文卷（上）《救亡决论》，中华书局 1986 年 1 月第 1 版（下同），第 53—54 页。本文原载 1895 年 5 月 1 日至 8 日天津《直报》。

不真实吗！今天，我想对此有些微词，则恐怕不足以振聋发聩；我想大声疾呼，又恐怕骇俗惊人。虽然这样，时局到了今天的地步，我宁愿背负发狂的名声，决不能强颜欢笑，更不会蹈虚伪无耻的常规旧法。今天请允许我明目张胆为诸公一言道破，可以吗？四千年前的文物，九万里的中原，之所以到了今天这般田地，是其教化学术不对呀。不只嬴政、李斯是千秋祸首，如果扩充类比到极端说，则“六经”“五子”也都难辞其责。嬴、李以小人的做法而凌辱苍生，“六经”“五子”以君子的规矩来束缚天下，后世在使用上虽然有公私之分，而崇尚我法，挟持天下，使天下一定听从自己而没有人敢于为异类则是一样的。因其挟持，遂产生作伪；因其作伪，而是非混淆、廉耻丧失，天下破敝乃至不可以再振作。这是它所受病害极深，绝不是一两个补偏救弊的作为，如讲武、理财所能奏效的。

【评述】

严复批判了中国传统法家与儒家文化的消极影响：“嬴、李以小人而陵轹苍生，六经五子以君子而束缚天下，后世其用意虽有公私之分，而崇尚我法，劫持天下，使天下必从己而无或敢为异同者则均也。因其劫持，遂生作伪；以其作伪，而是非淆、廉耻丧，天下之敝乃至不可复振也。”于是“始于作伪，终于无耻”。这种批判可谓入木三分。变法必行，文化变革必行。

事之弊也，必贵其弌

【原文】

木之老也，必荣其歧；事之弊也，必贵其弌。……

天下之人，强弱刚柔，千殊万异，治学之材与治事之材，恒不能相兼。尝有观理极深，虑事极审，宏通[①]渊粹[②]，通贯百物之人，授之以事，未必即胜任而愉快。而彼任事之人，崛起草莱，乘时设施，往往合道，不必皆由于学。使强奈端[③]以带兵，不必能及拿破仑也；使毕士马[④]以治学，未必及达尔文也。惟其或不相侵，故能彼此相助。土蛮之国，其事极简，而其人之治生也，则至繁，不分工也。国愈开化，则分工愈密，学问政治，至大之工，奈何其不分哉！今新立学堂，革官制，而必曰，学堂之学，与天下之官相应，则必其治学之材，幸而皆能治事则可，倘或不然，则用之而不效，则将疑其学之非，其甚者，则将谓此学之本无用，而维新之机碍，天下之事去矣。

然则将何为而后可？曰：学成必予以名位，不如是不足以劝。而名位必分二途：有学问之名位，有政治之名位。学问之名位，所以予学成之人；政治之名位，所以予入仕之人。若有全才，可以兼及；若其否也，任取一途。如谓政治之名位，则有实任之可见，如今日之公卿百执事[⑤]然，人自能贵而取之；学问之名位，既与仕宦不相涉，谁愿之哉？则治学者不几于无人乎？不知名位之称，本无一定。农工商各业之中，莫不有专门之学。农工商之学人，多于入仕之学人，则国治；农工商之学人，少于入仕之学人，则国不治。野无遗贤之说，幸而为空言，如其实焉，则天下大乱。

今即任专门之学之人，自由于农、工、商之事，而国家优其体制，谨其保护，则专门之人才既有所归，而民权之意亦寓焉。天下未有民权不重而国君能常存者也。治事之官，不过受其成而已，国家则计其效而尊辱之。如是，则政治之家亦有所凭依，以事逸而名荣，非两得之道哉？[1]

【注释】

①宏通：心胸开阔，通达事理。

②渊粹：精深。

③强奈端：牛顿的旧译。

④毕士马：即俾斯麦，普鲁士宰相兼外交大臣，是德国近代史上杰出的政治家和外交家，被称为“铁血宰相”。

⑤百执事：亦作“百执”，犹“百官”。

【译文】

树木老朽，必然使它的枝杈反而繁茂；做事形成弊端，必然以有别于此的做法为贵。……

天下的人，强弱刚柔，千差万别，治学的才能与治事的才能，常常不能兼有。曾经有观察事理极深刻、谋虑办事极缜密、通达事理、学问精深、通贯百物的人，让他操办具体事务，未必就能胜任而愉快。而那些担任具体事务的人，崛起于草莽之间，乘于时事施展才能，往往合于正道，不一定都由来于学理。假使让牛顿带兵，不一定能赶得上拿破仑；假使让俾斯麦治学，未必

〔1〕《严复集》第二册，诗文卷（上）《论治学治事宜分二途》，第88、89—90页。本文原载1898年7月28、29日《国闻报》。

能赶得上达尔文。只要他们不相侵害，就能彼此互相帮助。野蛮之国，其事情极为简单，而其人谋求生计却极繁杂，因为他们不分工。国家愈开化，则分工愈密，学问与政治，都是极大的工作，他们怎么能不分工呢！今天新设立学堂、革新官制，而必称学堂之学要与天下之官相应，那么，必须是治学之才幸好都能治事才可以，倘若不是这样，试用的学生没有效果，就将怀疑他学的不对，更有甚者，就将说此种学习本来无用，而维新的机遇受到阻碍，天下的事就没法处理了。

然而将如何做才可以呢？学成一定给予他名位，不这样不足以起到激励的作用。而名位一定分为两个方面：有学问的名位，有政治的名位。学问的名位，所用来给予学成的人；政治的名位，所用来给予入仕的人。如有全才，可以兼顾；如果不能，任其取一个方面。如果是政治的名位，则有实任可以见到，如今日的公卿百执事就是这样，人自然能够珍惜取用；学问的名位，既然与仕宦不相关，谁愿为之？那么治学者不是几乎没有人了吗？不知道名位的称谓，本来不是一定的。农工商各业之中，没有不是专门之学的。如果农工商的学人，多于当官的学人，那么国家就会得到治理；如果农工商的学人，少于当官的学人，则国家就会得不到治理。民间没有被弃置不用的人才的说法，希望是空洞不实的话，如果是真话，就会天下大乱。今天即使是担任专门之学的人，也自然是由于从事农、工、商的事，而国家优化其体制，谨慎保护，那么专门的人才就有所归了，而民权之意也有所寄托了。天下没有民权不重而国君能常存的。治事的官，不过接受他们的成果罢了，国家则计算他们的效果而给予尊辱名分。如是这样，那么政治家也有所凭依了，因做事而安逸和因名声而荣耀，这不是可以两个都得到的方法吗？

【评述】

严复批判了旧式学校、科第取仕以及“官本位”的弊端，认为这都是一种不切社会发展实际的形式主义的东西。进而言之，治学与治事并不是同一个方式和路径。治学好的未必能治事，治事官员未必都要治学。学人当多于入仕者，否则就会使“国不治”。严复的这些思想是很有见地的。把治学与治事简单等同起来，本身也是一种形式主义的做法。

惟其学子，不忘天下

【原文】

惟其（按：指学子、学生）不忘天下，故其学则日讲，其德则日备，气节日以益峻，朋友日以益亲，彼曷尝以其所遭逢而稍易其心志乎！

嗟乎！以今中国之时势言之，吾于肉食者真无望耳。坐无所知，一也；无所知而自以为知，二也；保于所习，三也；为忮①，四也；宁视天下之亡，不以易其身一日之富贵，五也。[1]

【注释】

①忮（zhì）：嫉妒。

---

〔1〕《严复集》第一册，诗文卷（上）《〈学生会条规〉序》，第122页。本文系1900年至1903年间为上海学生会所作，选自《国闻报汇编》。

【译文】

只有学子不忘天下，他的学问才能说是一天天讲求，他的道德才能说是一天天完备，他的志气节操一天天高峻，朋友们对他一天天亲近，他何曾因为自己所遭逢的环境而稍微改变他的心志呢！

唉！从今天中国的时势说来，我对于当官的真是一点儿也不抱希望了。一无所知，是其一；无所知而自以为知道，是其二；保守于所熟悉的，是其三；嫉妒，是其四；宁愿看到天下灭亡，不因此改易他自身一日的富贵，是其五。

【评述】

严复对现行官僚失望至极，历数他们腐败的种种表现，表达了极端的蔑视。他期望莘莘学子能够成为新社会的新型人才，变革时政。

革新教育，培育新人

【原文】

盖吾国旧俗，本谓舍士无学。士者所以治人，养于人，劳其心而不劳其力者也。乃今实业教育，所栽培成就之人才，则能养人，有学问，而心力兼劳者也。学子有志为实业之人才，必先视其业为最贵，又菲薄仕宦而不为者，而后能之。又必其人所受体智二育均平，不致为书生腐儒，而后可。学问智识，诚不可阙；

顾但有学问智识，必不逮事也。〔1〕

【译文】

我国的旧风俗，本是舍去读书入仕就没有学习、学问。士子是用来治人的，是被供养的，是劳其心而不劳其力的人。今天的实业教育，所栽培成就的人才，则既能养人，又有学问，是心力兼劳的人。学子有志于成为参与实业的人才，一定先把他的事业看成最高贵，又鄙弃仕途而不当官，而后才能做好。又一定是他所受的体育和智育两种教育均衡，不至于成为书生腐儒，而后可以从事实业。学问和知识，实在是不可或缺的；但是只有学问知识，一定不能成事。

【评述】

中国传统教育就是仕宦教育，培养四体不勤、五谷不分的劳心者，形成社会“官本位”价值观。如此绝不能适应社会现代化。严复提出兴实业教育，培养“必先视其业为最贵”的，全面发展而又经过社会历练的劳动者，使之成为社会新人。

国会议员，当如君子

【原文】

孟德斯鸠又以己意分统治之权而为三，曰立法，曰行政，曰司法。而三者之中，其最重最高之部，莫立法若。自大略而言之，

---

〔1〕《严复集》第一册，诗文卷（上）《实业教育》，第206—207页。本文系严复在上海商部高等实业学校的演说词，原载于1906年7月2日《中外日报》。

则行政者，行其所立之法者也；司法者，司其所立之法者也。盖国既为民主矣，则主权诚在民。民众而不可以尽合也，于是乎有代议焉，而为国会。是故国会者，合数百千人之民献①，名曰法人，有君象焉。使是人者，聪明齐圣，雍容揄扬②，则不翅③尧、舜、禹、文之为君也；苟其暴戾恣睢，贪黩轻肆，则不翅桀、纣、桓、灵之为虐也，其系于吾民之重盖如此。[1]

【注释】

①民献：民众中的贤人，也泛指民众。

②揄扬：宣扬。

③不翅：同“不啻（chì）”。不止，不仅；无异于。

【译文】

孟德斯鸠又按照自己的看法把统治权分为三种，是立法权、行政权和司法权。而三者之中，其最重最高的部门，没有超过立法权的。大略说来，行政是执行所设立的法律，司法是运行所立的法律。国家既然是民主国家，则主权一定在民众。民众不可以完全相合，于是有代议制，而设立国会。所以国会是汇集数百数千人中的贤者，称为法人，有君子的气象。假使这些人聪明圣明，能从容不迫地褒贬时政，则无异于与尧、舜、禹、文一样之作为明君；假如他们暴戾恣睢，贪黩放肆，则无异于桀、纣、桓、灵一样之作为暴君，他们关系于我们民众的重要性多与此一样。

〔1〕《严复集》第二册，诗文卷（下）《论国会议员须有士君子之风（1913 年 5 月 21 日）》，第 325 页。

【评述】

君主立宪是严复的政治理想，君主立宪的国会代表人民权益，参与国家管理，议员是民众的代表。所以对议员德才就要有高标准。严复提出，参照古代君子行事，即“其术讲于学校，自小学以至于大学；自礼、乐、射、御、书、数而后本之修身，以至齐家、治国、平天下，其为序至明。其所以自待者至重，能如是者谓之士，谓之君子”。议员当为德才兼备的君子，才有可能为民说话办事。

导扬国魂，立人立国

【原文】

闻之孔子有言：“自古皆有死，民无信不立。”管子曰：“礼义廉耻，国之四维；四维不张，国乃灭亡。”是知国于天地，其长存不倾，日跻强盛者，必以其民俗、国性、世道、人心为之要素。

……公等以为吾国处今，以建立民彝①为最亟，诚宜视忠孝节义四者为中华民族之特性。而即以此为立国之精神，导扬渐渍，务使深入人心，常成习惯。文言曰：贞者，事之干也。必以此四者为之桢干②，夫而后保邦制治之事，得所附以为施。以言其标，则理财而诘戎③；以言其本，则立法而厉学。凡兹形式之事，得其君形者存，庶几出死入生，而有以达最后之祈向④。准斯而行，实于民国大有裨益。[1]

---

〔1〕《严复集》第二册，诗文卷（下）《导扬中华民国立国精神议（1914年）》，第342、344页。

【注释】

①民彝：犹“人伦”，旧指人与人之间相处的伦理道德准则。

②桢干（gàn）：古代筑墙时所用的柱子，竖在两端的叫“桢”，竖在两旁障土的叫“干”。后泛指重要的起决定作用的人或事物。

③诘戎：语出《书·立政》：“其克诘尔戎兵。”谓整治军事。

④祈向：向导，引导。

【译文】

据孔子说过：“自古皆有死，民无信不立。”管子说：“礼义廉耻，国之四维，四维不张，国乃灭亡。”这是知道国家在天地间，它长久存在而不倾覆，日渐强盛，一定是用它的民俗、国性、世道、人心作为要素。

……诸位认为我国现今，以建立伦理道德准则为最紧迫，确实应当把忠孝节义四者看作中华民族的特性。然后即以此为立国的精神，引导宣扬、浸染感化，务必使之深入人心，经常去做而成为习惯。《易经》的文言说：贞，是事情的根本。一定要以此四者作为根本，然后保邦治国的事，得以有所依附而实施。说到它的目标，是理财与治军；说到它的根本，则是确立法治和砥砺学术。所有具有如此形式的事情，得到真正实行就存活下来，就是差不多出死入生，而能够达到最后的导向。遵照这一点去推行，实在对民国很有裨益。

【评述】

严复较为系统地向中国介绍了西方人文社会科学。他最初对传统文化持批判否定态度，随着学术实践深入，逐渐感到传统文化中包含许多独到的优秀成分，而西学也并非值得全部照搬，因此，他提倡对中西文化进行“别择”，其中务要保持传统文化和西学的精髓，造就一种新文明，形成国人新的精神风范。

以俭为宝，崇尚学问

【原文】

按：道家以俭为宝，岂不然哉！乃今日时务之士，反恶其说而讥排之，吾不知其所据之何理也。斯密言，俭者，群之父母。虽然，但俭不足以当之也。所贵乎俭者，俭将以有所养，俭将以有所生也。使不养不生，则财之蠹贼而已。乌能有富国足民之效乎！或又云，奢实自损，而有裨民业。此目论①也。奢者之所裨，裨于受惠之数家而已。至于合一群而论之，则财耗而不复，必竭之道也。[1]

【注释】

①目论：像眼睛能看见细毛而不见睫毛。比喻轻信他人的话，缺乏确凿根据。

【译文】

按：道家以节俭为宝，难道不对吗！今天识时务之人，反而

---

〔1〕《严复集》第四册，按语卷《〈原富〉按语·四七》，第878页。

厌恶其说而讥笑排斥它，我不知道他们所依据的是什么道理。斯密说，节俭，是群体的父母。虽然这样，只是俭不足以担当。以节俭为贵的原因是，节俭才会有所养，节俭才会有所生。假使不养不生，就是钱财的蠹贼。这怎么能够产生使国家富有使民众富足的效果呢！有人说，奢侈实际是损害自己，而有助于民众的事业。这是浮浅而没有根据的论说。奢侈的人所给予的帮助，能使受惠的只是几家人罢了。至于从一个群体来说，则财物耗去不能再回来，奢侈就是必然枯竭的方法。

【评述】

严复从社会价值、财富产销层面对“俭”与“奢”、“文治”与“武治”的可取性进行了比较论述，认为还是要崇尚廉俭和教化，否则就是舍本求末。社会发展、国家治理不仅仅是一个经济增长和长治久安的问题，凡活动应该以人为本，着眼人的素质提高和作风优良以及国民利益的满足。

邦本利源，政务本源

【原文】

按：自古无无弊之法。方民德未进，民智未宏，则法之为弊尤众。故一法之行，皆有其便不便者。缓急轻重，则有之矣，曰无不便而后可行，此何异庸医立方，必求无毒之品，其杀人乃愈多也！知时审势之士，为国家立一法制，其异己者，必举其不便攻之。不知择祸务轻，行法者固择其轻者为之，非得已也。中国自秦以来，其立政大体，多与罗马季年相若。知防奸塞弊矣，而不知有远且大者之邦本利源，与所塞所防者将俱去也。即如患宰相之专权矣，而不知国有缓急之无重臣。郡县之官不用土著矣，而不知吏将视任职如传舍。六部位同官等，至于六人，而不知官事之推诿而丛脞①。三代后法，大抵以禁非有余，而以进治不足，卒之祸常发于所虑之外，弊即伏于周防②之中。而财力匮单，人才消乏，有欲图挽救而不能者矣。可胜叹哉![1]

【注释】

①丛脞（cuǒ）：烦琐，杂乱。脞，细小而繁多，琐细。

②周防：谨密防患。

【译文】

按：从古以来没有无弊端的法规。当民德没有进化，民智没有宏大时，则法规的弊端尤其多。所以一条法规推行，都有其便利或不便利的。有缓急轻重的这样情况，说没有一点儿不便利而后可以推行，这与庸医开方有什么不同，一定求取没有毒副作用的药品，杀人就会更多！知道审时度势的人，为国家设立一种法律制度，那些异己之人，必然举出它不便利的地方攻击它。不知道选择祸患一定要选择轻的，推行法规的人本就是选择祸患轻的而推行，这是不得已而为之。中国从秦朝以来，其设立的政体的根本，大多与罗马末年设立的相同。知道防止奸诈堵塞弊端，而不知道有远大的邦本和利源，而与所堵塞所防止的将会一概摈弃了。就像害怕宰相的专权，而不知道国家有紧急情况却无重臣鼎

〔1〕《严复集》第四册，按语卷《〈原富〉按语·五五》，第883页。

力相助。郡县的长官不用本地人，而不知官吏将把任职看作像换房子一样流动不居。六部职位同官员人数相等达到六人之多，却不知道官事的推诿而杂乱。夏商周三代之后的法律，大致不是因为禁止有余，而是因为推进治理不足，所以导致祸患常发于所考虑之外，弊端就潜伏于谨密的防范之中。而财力匮乏单薄，人才匮乏，想力图挽救却不能够了。不胜感叹！

【评述】

法制的功能在于促进政治治理。治理是一项与时俱进的系统工程，法制要有针对性地变迁，促进解决基本的社会问题。其中，理财、用人，是治国的两大基本要务。推进法制，并把握住这两条，才能基本上解决国计民生，才能做好基本的国家治理。因此，它们是邦本利源。舍弃了这个根本，往往事倍功半，政弊丛生。

民智民权，治化之本

【原文】

按：居上之权大重，民气必郁而不舒，污吏暴君，有所恃而不可制。且治急之群，其民不奋，则上下之智力，必由此而日窳①；邑野之财力，必由此而日微，即其始所恃之兵威，亦必将徒形具而已。当是时也，内有桀民，外有强虏，其国之倾，又无日矣。[1]

---

〔1〕《严复集》第四册，按语卷《〈原富〉按语·八四》，第898页。

【注释】

①窳（yǔ）：（事物）恶劣，粗劣。

【译文】

按：居有高位的权力过重，民气必然郁积而不舒畅，贪官污吏和暴君有所依恃而不能制约。且治理急进的群体，它的民众不奋发，上下的智力必然因此而日见粗劣；都邑郊野的财力，必然因此而日见微弱，即使它开始时所依赖的兵威，也必将徒具形式。当这个时候，内有桀骜的百姓，外有强暴的敌人，国家的倾覆，又不远了。

【评述】

中国传统文化讲治化，就是治理国家，尤其是教化民众。《国语·齐语》中言“政者事也”，“治者理也”，“教不善则政治”。西方政治文化则在于兴民权、开民智。严复颠覆中国“官本位”，主张政治和设官立制在于“民本位”。他认为治化深浅、制度久暂，取决于能否兴民权、开民智。这具有进步的思想解放意义。

学术之非，至于灭种

【原文】

原书说：“今使学问艺术之事，其教与学也，一切听民之自择，而国不为之制，曰某宜立，某宜废，则凡民之所学，将一切必归于有用，凡师之所教，必其民之所欲能而愿知，无有疲精竭神于无用之学，亦无有索糈求酬于不谘之术者也。夫明知其无用而犹学之，明知其谬误而犹教之者，国家之功令为之耳。苟功令之所存，则学之立废，不必由于真伪；师之贫富，不必由于怠勤；学者之荣辱，亦不必由于其业之成否。使国家悉取功令而除之，则贵游子弟，既奋其心思才力，以历年治业于学校之中矣，决无有叩以日用之事而不知，与言众著之端而不辨，如今之号为学人者也。悲夫!”

复按：……学术之非，至于灭种，此吾所以不能不太息痛恨于宋人也。[1]

【译文】

《原富》书中说：“今天假使学问和艺术的事，教与学，一切听由民众自己选择，而国家不为它强行制定规定，说这应当设立，说那个应当废除，那么凡是民众所学的，将一切一定归于有用，凡教师所教的，一定是民众所想掌握而且愿意知道的，没有疲精竭神于不实用之学的，也没有索糈求酬于没有人过问的法术的。明知它没有用而还要学习它，明知它荒谬错误而还要教给别人，是国家的功令让他们这样做。只要功令存在，则学术学科的兴废不一定由于真的或假的价值判断；教师的贫穷或富有，不一定由于懈怠或勤恳；学者的荣辱，也不一定由于学业的成就与否。假使国家全部去除功令，则喜欢游荡的子弟，就会奋发他的心思才力，而多年治学业于学校之中，就一定没有了以日常的事问他却不知道，与他谈论显而易见现象的缘由却不识辨，这样的如今称为学人的人。悲哀呀!”

---

〔1〕《严复集》第四册，按语卷《〈原富〉按语·九五》，第905—906页。

严复按：……学术不正确，会导致灭种，这是我所以不能不叹息深憾于宋人的原因。

【评述】

学术之非，至于灭种！这并非危言耸听。学术观点的偏激与独断、学风的浮夸与萎靡，尤其是学术价值导向不正确，都足以贻害社会。严复在这里引用宋儒尚心学亡国之鉴，说明国家的学术管理要正确，否则就会造成民族衰亡。

国民之神，天下为公

【原文】

原书："支那之民行，不可以吾欧之民行为比拟也。生于支那，民之所有事者，各恤己私而已矣。诳者以深恤己私而得利，见诳者以疏于防范而受绐[①]。然则诳者固无罪，而见诳者且足戒也！"

复按：吾不知读此章者，其感情为何若也？将以谓所言过欤？抑以谓十八九得吾实耶？然有绝无可置喙[②]者，则支那民所有事，在各恤其己私。此其所讥呵[③]，真可谓中吾要害者矣。顾孟氏推求此果之原因，则若谓本于稼穑艰难，而天时地利有以使然之故，非笃论也！夫中国处温带之中，地利天时，可谓适中而至美，无可议者也。而民所惟私之恤者，法制教化使然，于天地无可归狱也。夫泰西之俗，凡事之不逾于小己者，可以自由，非他人所可过问。而一涉社会，则人人皆得而问之。乃中国不然，社会之事，国家之事也。国家之事，惟君若吏得以问之，使民而图社会之事，斯为不安本分之小人，吏虽中之以危法可也。然则吾侪小人，舍己私之外，又安所恤？且其人既恤己私，而以自营为惟一之义务矣。则心习既成，至于为诳好欺，皆类至之物耳！又何讶焉？[1]

【注释】

①绐：欺哄。

②无可置喙：没话可说。

③讥呵：讥责非难，稽查盘问。

【译文】

《法意》书中说："中国民众的行为，不能与我欧洲民众的行为相互比拟。生在中国，百姓所有的事，各为一己的私利罢了。骗子以完全考虑一己之私而得利，被欺骗的人以疏于防范而被欺哄。然而骗子本来没罪，而被欺骗的人足以引为警戒！"

严复按：我不知道读到这一章的人，他的感情是什么样子的？将认为所说的过分吗？或者认为十之八九说准了我国的实际情状？然而，难以抗辩的，是中国民众的所有的事，在各自惦念自己的私利。他们这些讥笑呵责的，真可谓说中我们的要害了。虽然孟氏推求这种结果的原因，好像是说本自于农事的艰难，而天时地利有使他这样的缘故，但这并不是深刻的议论！中国处于温带之中，地利和天时，可以说是适中而最美，没的可说。而民众只考虑一己之私，是法制教化使他们这样的，不可归罪于天地。西方的风俗，凡事不超越一己之利的，可以自由作为，不是他人可以

---

〔1〕《严复集》第四册，按语卷《〈法意〉按语·一〇二》，第994页。

过问的。而一涉及社会利益，就人人都可以过问。而中国不是这样，社会的事，即是国家的事。国家的事，只有君主和官吏可以过问，假使民众图谋社会的事，就成为不安本分的小人，官吏即便给他扣上危害法律的罪名也可以。这样一来，我辈小人，舍去自己的私利之外，又能考虑什么？况且其人既然考虑自己的私利，而以为自己谋利为唯一的义务了，则想法习惯已经形成，至于说谎话、好欺骗，都是同类的事了，又有什么可以惊讶的呢？

【评述】

虽然中国传统文化倡导天下为公，但是，小农经济却往往局限人的心胸和视野，形成小国寡民的狭隘。这是中国文化一大病症。只有面向世界、面向未来，才能有望立足现代化的全球之中。

美俗良法，相得益彰

【原文】

原书："俗隆则法与俱隆，俗污则法与俱污。虽最良之法，不能见之于呰窳[①]之俗，犹甚苛之法不能行之于文明之民。此法之缘俗而立者也。虽然，法之既立，亦自有其左右风俗之效。"

复按：法以俗为隆污，此其说固然。然而善为治者，未有以法媚俗者也。必将使其民仰跂之，于以收进化之效。又忆吕新吾有言，国家惩一事之失，立不变之法，防一吏之奸，造非常之律，法之不良无逾此者。夫叔季[②]法令之所以烦苛，大都由此。此君主之法所以常不及于立宪。立宪之国，最重造律之权，有所变更创垂，必经数十百人之详议。议定而后呈之国主，而准驳之。此其法之所以无苟且，而下令常如流水之原也。[1]

【注释】

①呰（zǐ）窳：苟且，懒惰。

②叔季：这里指没落、末世。

【译文】

《法意》书中说："风俗隆盛则法律与之都隆盛，风俗污秽则法律与之都污秽。即便是最良好的法律，不能被苟且懒惰的风俗所容纳，就像非常苛刻的法律不能推行于文明的民众一样。这是因为法律是缘于风俗而设立的。虽然这样，法律既然已经设立，也自有他左右风俗的效能。"

严复按：法律因风俗而或隆盛或污秽，这种说法固然是对的。然而善于治理的人，没有用法律献媚风俗的。必将使其民众仰望而追随，因此而收取进化的效用。又想起吕新吾说过，国家惩罚一事的过失，设立不变的法规；防止一个官吏的奸诈，制定一个特殊的法律，法制的缺陷没有超过这样的。末世的法令之所以烦多而苛刻，大都因此而产生。这是君主国家的法律所以常常赶不上立宪国家法律的原因。立宪的国家，最是看重制定法律的权力，有所变更创新和运用传承，必须经过数十人上百人详细的议论。议定后呈送给国主，而或准许或驳回。这是其法律之所以不敢苟且，而下令后执行常常畅如流水的原因。

---

〔1〕《严复集》第四册，按语卷《〈法意〉按语·一〇四》，第995页。

【评述】

习俗和法律都在于倡导、规范人们的价值观和言行，一个是软约束，一个是硬规定。两者相互影响，美俗良法的出发点和落脚点都应该是为民向善的，否则，就都是污浊腐败的。严复举例说："国家惩一事之失，立不变之法，防一吏之奸，造非常之律，法之不良无逾此者。"越是来自民意、服务民众的法律的创建兴废，越应当倍加审慎从之。法律不是万能的，但必须是神圣的。

第十一节　章太炎

【人物简介】

章太炎（1869—1936），名炳麟，初名学乘，字枚叔，后改名绛，号太炎。浙江余杭人。清末民初民主革命家、思想家、著名学者。1897 年任《时务报》撰述，因参加维新运动被通缉，流亡日本。1900 年剪辫发，立志革命。1903 年因发表《驳康有为论革命书》并为邹容《革命军》作序，被捕入狱。1904 年与蔡元培等发起成立光复会。1906 年出狱后被孙中山迎至日本，参加同盟会，主编同盟会机关报《民报》，与改良派展开论战。1911 年上海光复后回国，主编《大共和日报》，并任孙中山总统府枢密顾问。曾参加张謇统一党，散布"革命军兴，革命党消"的言论。1913 年宋教仁被刺后参加讨袁，被袁世凯禁锢，袁世凯死后获释。1924 年脱离孙中山改组的国民党。1935 在苏州设章氏国学讲习会，以讲学为业。晚年赞助抗日救亡运动。1936 年 6 月 14 日于苏州病逝。时人评为“革命元勋，国学泰斗”。1985 年，上海人民出版社出版《章太炎全集》六册。

大独必群，群必以独

【原文】

大独必群，群必以独成。……繇是言之，小群，大群之贼也；大独，大群之母也。……吾读范氏（按：指范晔）书，至《独行传》，迹其行事，或出入党锢。嗟乎！非独，何以党哉?

古之人欤，其独而群者，则衣冠与骨俱朽矣。今之人，则有钱唐汪翁。其性廉制，与流俗不合。自湖北罢知县归，人呼曰“独头”。（案：独头，语甚古。《水经·河水注》“河北雷首山”引阚骃《十三州志》云：“山一名独头，山南有古冢，陵柏蔚然，攒[①]茂丘阜，俗谓之夷齐墓。”是则以其狷介赴义，号曰独头，因名其山矣。），自命曰“独翁”，署所居曰“独居”。章炳麟入其居，曰：“翁之独，抑其群也。”其为令，斡[②]榷税，虽一锱不自私，府臧益充，而同官以课不得比，怨之。其群于州部也。罢归，遇乡里有不平，必争之，穷其氐，豪右衔忿，而寡弱者得其职姓：其群于无告者也。悖礼必抨弹，繇礼必揎：其群于知方[③]之士也。夫至性恫[④]天下，博爱尚同，軥录[⑤]以任之，虽贯怨不悔，其群至矣，其可谓独欤？入瞽师之室，则视者独矣；入伛巫跛击[⑥]之室，则行者独矣。视与行，至群也，而有时谥[⑦]之曰独。故夫独者群，则群者独矣。人独翁，翁亦自独也，案以知群者之鲜也。[1]

【注释】

①欑（cuán）：也作“攒”。丛聚，集聚。

②斡（guǎn）：通“管”，即管领、主管之意。

③知方：知礼法。语出《论语·先进》：“可使有勇，且知方也。”刘宝楠《正义》引郑玄曰：“方，礼法也。”谓知道正确的行为方向。

④恫：痛苦、悲悯意。

⑤軥（jū）录：自我检束。軥，同“拘”。

⑥伛（yǔ）巫跛击（xí）：古代的巫师。《荀子·王制》：“知其吉凶妖祥，伛巫跛击之事也。”杨倞注：“‘击’读为‘觋’，男巫也。古者以废疾之人主卜筮巫祝之事，故曰伛巫跛觋。”

⑦谥：称（作），叫（做）。

【译文】

大独必然可以为群，群必因独而形成。……由此说来，小群是大群之贼，大独是大群之母。……我读范晔的《后汉书》，到《独行传》一篇，考察他们的行迹，有参与党锢的。唉，如果不是独，怎么会成为党呢！

古人中，独而群的人，他的衣冠与骨肉都已经朽坏了。今天的人，则有钱塘人汪翁。其德行廉洁，与世俗不合。从湖北被罢除县令回归乡里，人们称他为“独头”。（按：独头，语出远古。

〔1〕《章太炎全集》第三册，《訄书》重订本《明独》，上海人民出版社1985年2月第1版（下同），第238—239页。

《水经·河水注》“河北雷首山”引阚骃《十三州志》说：“山又叫独头，山南有古墓，陵墓上的柏树蔚然从密，丘墓高，俗称夷齐墓。”这是因为夷齐因狷介而赴义，号曰独头，于是用“独头”命名这座山。）他自称“独翁”，给他的居所起名“独居”。我进入他的居所，说：“你是独，还不如说是群哪。”他当县令时，主管征税，即便是一锱也不据为私有，府库越来越满，而同职的官员因考核不能相比，便怨恨他。于是他群于州部了。罢职归来，遇到乡里有不平事，必定争论，追根究底，乡绅都很愤怨，而寡弱者得到他的帮助：于是他群于寡弱无告的人。有悖礼义的给予批评弹劾，行进退之礼必拱手：于是其群于懂得礼法正道的人。人性极至悲悯天下，博爱尚同，自检约束以自任，虽招致怨恨也不后悔，其群到了极致，这可以说是独吗？进入盲乐师的居室，则能看到的人是独；进入伛巫跛击的居室，则可以行走的人是独。可视和行走，非常成群，而有时却叫他做独。所以如果独者为群，则群者为独。他人都绝独翁，翁也自行独立，于是知道群的人很少了。

【评述】

《后汉书·黄琼传》里说：“峣峣者易折，皎皎者易污。阳春之曲，和者必寡，盛名之下，其实难副。”三国时期魏人作《运命论》说：“木秀于林，风必摧之；堆出于岸，流必湍之；行高于人，众必非之。”在社会风俗不利于反腐倡廉的时候，廉洁自持的人必然受到嫉妒、孤立。章太炎提出不要怕孤立，要动心忍性，耐得孤独。其辩证法是大独必群，群必以独。如果面对一个腐败群体，有时他们难免孤立，但是，清正廉洁，反腐倡廉，必然赢得民众。

著书定律，依法治国

【原文】

法者，制度之大名。周之六官①，官别其守，而陈其典，以扰义②天下，是之谓法。故法家者流，则犹西方所谓政治家也，非胶于刑律而已。

……鞅之作法也，尽九变以笼五官③，核其宪度而为治本。民有不率④，计画至无俚⑤，则始济之以攫杀援噬⑥。此以刑维其法，而非以刑为法之本也。[1]

【注释】

①六官：《周礼》以天官、地官、春官、夏官、秋官、冬官分掌邦政，称为六卿，也叫六官。此与隋唐以后设立的吏、户、礼、兵、刑、工六部的尚书大体相同。

②扰乂（yì）：治理，安和。

③五官：古时五种重要的官职合称，分别指司徒、司马、司空、司士、司寇。

④不率：不服从，不遵守。

⑤无俚：反抗，对抗。

⑥援噬：援，古兵器戈上的横刃；噬，本意是咬的意思，这里指用刑。

---

〔1〕《章太炎全集》第三册，《訄书》重订本《商鞅》，第259页。

【译文】

法，就是一切制度的总名称。周朝设有六官，各有各的职责，把他们的法则公布出来，用来治理国家天下，这就是法。因此，所谓法家，就如同西方所说的政治家一样，绝不是仅仅局限于刑法本身。

……商鞅制定法令制度，采用各种办法用来约束五官。经考察，他制定的法令制度，是治国的根本。民众中有不服从或私下里议论甚至反对变法的，才借助刑罚予以制裁。这是用刑罚来维护法治，而不是把刑罚作为法治的根本。

【评述】

为了革除时弊，晚清兴起了新法家学派。章太炎是新法家的重要代表人物。他在此为商鞅昭雪，盛赞以法治国，针对俗论指责法家刻薄寡恩指出，此为用法之过而非法之过。在“肃忮弹”、“抑官吏”、“伸齐民”的意义上，章太炎倡导“法治”。

永不加赋，难成惠政

【原文】

乌乎！深宫之酋，离絮保①之手，不自知其偭德②，以不加赋诡炫其民者，其职耳。百僚师师③，落其朖珠④，冠其孔雀，服其鼲子⑤，曳其盛髯⑥，厌⑦其淳曆⑧，县⑨其帛书，无以报之，而剧前世之苛政以美之。甚矣哉！其背本而不知恧⑩也。[1]

〔1〕《章太炎全集》第三册，《訄书》重订本《不加赋难》，第269页。

【注释】

①娿（ē）保：专门教导女子的老师。

②俷（fèi）德：败坏道德。

③师师：各师其所师，即互相教诲的意思。

④賏（yīng）珠：用珠贝制成的悬挂在脖子上的饰物。賏，颈饰。

⑤鼲（hún）子：灰鼠，其皮可做裘衣。

⑥鬋（jiǎn）：下垂的鬓发。

⑦厌：吃饱，饱足。

⑧䵖（gān）：和。

⑨县：同“悬”。

⑩恧（nǜ）：惭愧。

【译文】

唉！生在深宫的长官，刚离开女师之手，不知自己缺乏道德，用不加赋税来欺诈炫耀于他的民众，却不知不加赋税实在是他的职责。百官互相推诿，垂落着他们的用珠贝制成的颈饰，戴着他们的饰有孔雀的帽子，穿上灰鼠皮做的衣服，拖曳着他们茂密的鬓发，饱食他们的美酒佳肴，悬置各种文书文件，却不知如何处理，加剧了前朝的苛政却赞美自己。过分啦！他们背离了根本而不知惭愧。

【评述】

清帝以“不加赋”为世代相承的祖训。章太炎在《讨满洲檄》中直斥“永不加赋”乃“外窃仁声，内为饕餮”。章太炎在这里以事实为依据，揭露了清政府永不加赋表面上的虚伪和实质上的贪婪。

公理之未明，即以革命明之；旧俗之俱在，即以革命去之

【原文】

今以满洲五百万人，临制汉族四万万人而有余者，独以腐败之成法愚弄之、锢塞之耳！

……然则公理之未明，即以革命明之；旧俗之俱在，即以革命去之。革命非天雄、大黄之猛剂，而实补泻兼备之良药矣。[1]

【译文】

现在满洲五百万人，所以能统治汉族的四万万人还有余力，只是因为他们用腐败的旧传统、旧法规愚弄、禁锢汉族人的思想罢了。

……因而，公理不明，就要通过革命来开导；旧俗都在，就要通过革命去除掉。革命并不像天雄、大黄那样的烈性药剂，而实际上却是补泻兼备的良药哇。

【评述】

清王朝及其封建专制已经腐败透顶，必须革除，这是改良派和革命派共同认可的，重要的分歧在于今后政治体制的设置问题。革命与立宪之争的焦点在于：前者对人民民主抱有希望；后者认

---

〔1〕《章太炎全集》第四册，《太炎文录初编·文录》卷二《驳康有为论革命书》，第177、181页。

为民智未开不可以共和，所以还要保留君主，仅仅立宪就可以了。章太炎驳斥以康有为为代表的君主立宪主张，力倡革命推翻清朝统治，涤清政治。《驳康有为论革命书》是光绪二十九年（1903年）以前革命思想发展的理论总结，同时它又吹响了鼓舞革命志士继续前进的号角，对以后资产阶级革命运动的发展起到很大的理论影响作用。

知耻、重厚、耿介、必信

【原文】

今与邦人诸友同处革命之世，偕为革命之人，而自顾道德犹无以愈于陈胜、吴广，纵今瘏[①]其口焦其唇破碎其齿颊，日以革命号于天下，其卒将何所济？道德者不必甚深言之，但使确固坚厉、重然诺、轻死生则可矣。虽然，吾闻古之言道德者曰：大德不逾闲，小德出入可也[②]。今之言道德者曰：公德不逾闲，私德出入可也[③]。道德果有大小公私之异乎？于小且私者，苟有所出入矣，于大且公者，而欲其不逾闲，此乃迫于约束非自然为之也。政府既立，法律既成，其人知大且公者之逾闲，则必不免于刑戮，其小且私者，虽出入而无所害，是故一举一废，应于外界而为之耳。政府未立、法律未成，小且私者之出入，刑戮所不及也；大且公者之逾闲，亦刑戮所不及也。如此则恣其情性，顺其意欲，切破败而毁弃之，此必然之势也。吾辈所处革命之世，此政府未立、法律未成之世也。方得一芥不与一芥不取者，而后可与任天下之重。若曰有狙诈如陈平、倾险如贾诩者，吾亦可以因而任之，此自政府建立后事，非今日事也。今世之言革命者，则非直以陈平、贾诩为重宝，而方欲自效陈平、贾诩之所为，若以此为倜傥非常者。悲夫！悲夫！方今中国之所短者，不在智谋而在贞信，不在权术而在公廉。……一曰知耻、二曰重厚、三曰耿介、四曰必信，若能则而行之，率履④不越，则所谓确固坚厉、重然诺、轻死生者，于是乎在。[1]

【注释】

①瘏（tú）：病，这里为使动用法，即“使……病”。

②大德不逾闲，小德出入可也：这是子夏所论“得中道”，即君子或有小节不拘，但大德不可失。逾，超过，越过。闲，木栏之类的遮拦物，引申为范围。

③公德不逾闲，私德出入可也：这是章太炎化用子夏的话，用来形容当时的某种观点，即认为在处理公家或者说国家的大事时，大节是不能丢的，而个人的小节问题倒是不必过于拘泥。

④率履：遵循礼法。履，礼。语出《诗·周颂·长发》：“率履不越，遂视既发。”

【译文】

现在我们都处在革命的年代，都是革命党人，但是仍然觉得自己的道德还不能比陈胜、吴广强，即使我今天口干舌燥地磨破嘴唇、咬烂舌头，每天用革命的口号号召天下，最终又有什么用呢？什么是道德不一定很深刻地探究言说，只要坚定坚贞，敬重承诺、看轻生死便可以了。虽然如此，我听说古代讲论道德的人

[1]《章太炎全集》第四册，《太炎文录初编·别录》卷一《革命道德说》，第277—278、279页。

提出："大德不逾闲，小德出入可也。"而今天谈论道德的人也说："公德不逾闲，私德出入可也。"难道道德果真有大小、公私之分吗？如果从小德和私德来看，有出入差异；从大德和公德来看，想要不出圈儿的话，这些都是迫于外在的压力而不是自然而然心甘情愿地去做的。政府已经建立，法律已经制定，人们都知道若失去了大德和公德，一定会受到刑法的制裁，而小德和私德有所出入，则没有多大害处。因此一个被强调，而另一个却被忽视，这正是于心外之界的约束形成的。政府还没建立，法律还没有制定出来，不但小德和私德有问题，刑法不会惩罚；即使是大德和公德出了格，刑法也不会惩罚。这样的话，人们便放纵了性情，顺从了欲望，必然的趋势就是切近破败与毁弃。我们现在所处的时代是革命的时代，是政府未立、法律未成的时代。能够得到的"一毫不与一毫不取"的廉洁道义之士，便可以与他共同担当天下的重任。如果说像狡猾奸诈的陈平、用心险恶的贾诩，我们也可以合理任用他们的话，那应该是在政府建立之后的事情，而不是现在的事情。现在人们所说的那些革命的人，不仅仅直接将陈平、贾诩当作重要的宝贝，而且他们却想要亲自仿效陈平、贾诩的所作所为，把他们当做风流倜傥非凡之人。那简直是太可悲了！现在的中国所缺少的，不是智谋而是贞信，不是权术而是公廉。……一是知耻、二是重厚、三是耿介、四是必信，如果能遵守而践行它们，遵循这些道德例律而不逾越，则所谓"固坚厉、重然诺、轻死生者"，就在眼前了。

【评述】

章太炎认为，对于革命者来说，最需要的是高尚的道德，崇高的利天下之心，不能萦情利禄、权欲过盛。他提出，革命者要有四个方面的道德修养：一曰知耻，二曰重厚，三曰耿介，四曰必信，具有民主革命派的伦理特色。

第十二节 黄兴

【人物简介】

黄兴（1874—1916），中国近代民主革命家。原名轸，字廑午，又字克强，湖南善化（今长沙）人。1902 年赴日本留学。1903 年 4 月，为反对沙俄拒不从东北撤兵，组织拒俄义勇队（后改称学生军、军国民教育会）。1904 年和刘揆一、宋教仁在长沙组建华兴会。1905 年 8 月同盟会成立，被选为执行部庶务（相当于协理），成为同盟会中仅次于孙中山的重要领袖。此后，他以主要精力从事武装起义。1911 年 4 月 27 日发动黄花岗起义，10 月 10 日武昌起义爆发，被推为革命军战时总司令，率民军在汉口、汉阳前线与清军作战。南京光复后，独立各省代表会议先举他为大元帅，后改为副元帅代行大元帅职权，他均未赴任。

1912 年 1 月 1 日，南京临时政府成立，任陆军总长兼参谋总长。袁世凯窃取政权后，临时政府北迁，黄兴任南京留守。8 月，同盟会与统一共和党等联合，改组为国民党，黄兴被推为理事。

1913 年二次革命爆发，黄被推为江苏讨袁军总司令。此后从事反袁世凯的斗争。1916 年 10 月 31 日在上海病逝。有《黄兴集》。

胸怀天下，明志读书

【原文】

劝诸君努力加餐，每饭莫忘天下事；看先贤断齑划粥，立身端正秀才时。[1]

【评述】

黄兴劝导学子志存高远，胸怀天下，刻苦读书，立志成才，报效国家。在知识储备相当的前提下，志向远大往往是成才的关键。

顾全大局，讲究团结

【原文】

名不必自我成，功不必自我立，其次亦功成而不居；先生何定须执着第一次起义之旗？然余今为党与大局，已勉强从先生意耳。[2]

【评述】

1907 年年初，同盟会本部在讨论国旗图式时，孙中山主张沿用兴中会第一次广州起义时所使用的青天白日旗，黄兴则主张

〔1〕 刘泱泱编：《黄兴集》第一册，《题明德学堂食堂联（1903 年）》，湖南人民出版社 2008 年 1 月第 1 版（下同），第 6 页。

〔2〕《黄兴集》第一册，《致胡汉民函（1907 年 2 月）》，第 15 页。

"作井字旗，亦平均地权意"。两人一度发生激烈争论。但是后来黄兴表示退让。这是他事后在致胡汉民函中说的话。

在处理与孙中山的关系上，黄兴一直保持尊重、谦让的态度，这对于处理名望相当的同志之间不同意见，实在太为重要了。搁置或放弃不同意见的争执，保持团结，对于一个领导集体来说，非常重要。对于刚刚开展革命工作的领导群体来说，尤其重要。

图谋做官，难谋革命

【原文】

经过十年后将见曙光，其时是清国革命得以实施之时。留日学生大致抱有归国后成为官吏之希望。此不足以成为实行革命之友。[1]

【评述】

革命是为了推翻反动统治，建设新政权，为人民谋利益，因此，以做官为出发点和归宿，难以真正成为革命队伍的一员。

淡泊名位，化解纷争

【原文】

革命为党众生死问题，而非个人名位问题。孙总理德高望重，

〔1〕《黄兴集》第一册，《关于革命的谈话（1907年5月）》，第15页。

诸君如求革命得有成功，乞勿误会，而倾心拥护，且免陷兴于不义。[1]

【评述】

1907年6月潮惠起义失败后，同盟会本部章炳麟、陶成章等人，就这次军事失利及同年春孙中山离日前分配馈款事，公开攻击孙中山，并要求召开同盟会本部大会，改举黄兴为总理。当时代理同盟会庶务的刘揆一，坚决拒绝章、陶等的要挟，并急函在香港的彭邦栋转告黄兴；同时致书冯自由、胡汉民，引“万方有罪，罪在一人”之语，请劝孙中山向东京本部引咎。孙中山复信说：“党内纠纷，惟事实足以解决，无引咎之理由可言。”上文是黄兴复刘揆一函的节录。

有不同意见和争执是正常的，由于认识问题、工作方式方法问题出现矛盾，完全可以在共同革命追求的感召下解决，如要争名位、闹意气，必然使矛盾升级恶化。黄兴的忍让克制作风，维系了革命阵营的团结。

礼端辞让，德厚载重

【原文】

一

中山先生为首创革命之先进，奔走海外数十年，苦心孤诣，久为吾党同志所钦。今闻讯驰归，必有新猷①以飨国人。是宜静待

〔1〕《黄兴集》第一册，《复刘揆一书（1907年7月）》，第16页。

其归，主持一切。

二

中山先生首创革命，倡导共和，作始造端，不可不慎。今各省代表云集宁垣②，正宜于此时机投票选举，推其为临时大总统，然后再由总统组织政府，名正言顺，一劳永逸，计莫善于此者。

……

顷接孙中山先生来电，他已起程回国，不久可到上海。孙先生是同盟会的总理，他未回国时我可代表同盟会；现在他已在回国途中，我若不等待他到沪，抢先一步到南京就职，将使他感到不快，并使党内同志发生猜疑。太平天国起初节节胜利，发展很快，但因几个领袖们互争权利，终至失败③，我们要引为鉴戒。肯自我牺牲的人才能从事革命。革命同志最要紧的是团结一致，才有力量打击敌人。要团结一致，就必须不计较个人的权利，互相推让。[1]

【注释】

①新猷：新的谋略。

②宁垣：南京地区。

③太平天国……终至失败：此指“天京事变”，也称“杨韦事变”。1856 年，太平天国定都天京（今南京），领导集团成员东王杨秀清居功自傲，独揽大权，挟制天王洪秀全，欺压同僚，甚至逼洪秀全封他为万岁。洪密诏北王韦昌辉、翼王石达开带兵入京解除杨的威逼。韦乘机扩大事态，残杀杨及其部众、家属二万

〔1〕《黄兴集》第一册，《关于待孙中山归国再赴南京筹组政府的谈话（1911 年 12 月 23 日）》，第 161—162 页。

余人。石对韦的屠杀表示不满，韦又欲杀石。石逃出天京，至安庆起兵讨韦。韦且围攻天王府。洪秀全与合朝文武诛韦。石回京辅政。1857 年 5 月底，石因洪猜忌，带领二十万大军单独行动。这个事件使南京政权受到致命创伤。

【评述】

自 1911 年 12 月中旬起，独立各省代表及驻宁各军代表陆续致函或派人赴沪敦促黄兴迅速赴宁筹组临时政府，12 月 23 日，黄兴正准备起程，忽获悉孙中山即将回国，便立即中止赴宁，并对有关人士作了以上谈话。

黄兴对孙中山的尊重与对最高职位的辞让，无疑对革命事业领导群体起着凝聚作用。

旧染之污，涤除净尽

【原文】

我中华民国方奠定初基，凡我同胞，均宜将旧染之污涤除净尽，乃能享共和之国，而见人道之尊。昨读黎副总统七号电，痛陈今时流弊，令人悚骨惊心。在我同志中虽未必出此，而一二不肖之辈假托行私，诚不免有种种怪现象。不知最大多数人之幸福，乃积最小少数之人而成之。苟任其私利自图，则以一二人之举措，遂淆全国之听闻。涓涓不塞，流为江河，殊可惧也。今与诸公约：嗣后倘有假公名以遂私图者共摒弃之。我等仍当力求振作，互相规箴，勿使满清末造之积习再见于近日。同胞幸甚，民国幸甚！[1]

【评述】

革命是政权问题，又不仅仅是政权问题，还要在社会价值观和社会风尚方面除旧布新。涤除污浊时弊，谋求民众幸福，是革命者的追求。

同德协力，共济时艰

【原文】

军兴时代，非多数瑰才荦识①士之士同德协力，以供国家之牺牲，未有能歼大敌、建伟业者也。征之历史，自古皆然。比者武昌起义，不匝月②而光复十余省，诚吾国革命史之特色。然北虏未灭，正吾辈枕戈待旦，为国家效死之秋。种族存亡，国家兴灭，在此一举。肩兹巨任，非有高尚之学术、卓越之精神、优美之道德，不足竟全功而巩新国。用拟邀集同志，结成一大团体，互相研究，互相箴勉③，铸成中华伟大军人之资格，以共济时艰。此则某等组织斯会之本旨也。[2]

【注释】

①荦识：卓识。

②不匝月：不到一个月。匝，满。

---

〔1〕《黄兴集》第一册，《致黎元洪及各省都督等电（1912年2月12日）》，第211页。

〔2〕《黄兴集》第一册，《与李宝成等发起陆军将校联合会缘起（1912年2月21日）》，第217—218页。

③箴（zhēn）勉：规诫勉励。

【评述】

值革命首创时代，亟须瑰才卓识之士同德协力，互相规箴，目的是竟全功而巩固新国。黄兴组织发起陆军将校联合会，对于会员相互砥砺，大有裨益。

恪尽职守，严明风纪

【原文】

军人遵守国家之纪律，服从长官之命令，乃为当然义务，切勿误解自由独立，出于民国范围之外。观国者辄谓吾国现象，大乱方始，莫知所终。兴言及此，不禁寒栗。凡我军人，尤当猛省。无论如何，毋紊秩序，毋残种类，一隅糜烂，全局动摇。前者京津构乱，列强环伺，稍一纷扰，外足以酿干涉，内足以兆割裂，堕奸党鼓煽之术，中他人挑拨之谋，国种将亡，身家何有？生命莫保，利权何有？须知维持社会，保卫国家，为军人固有之天职。凡我军人所有衣食之给，身家之奉，何莫非国家帑款？何莫非人民膏血？若受其豢养，不予报酬，反加蹂躏，实是背人道主义，不特违我辈革命之初衷，抑且负我四万万同胞希望之公意。况奸淫焚掠，罪在不赦，世界通例，民国何容有此？务望我军人各革其心，各爱其身，各守区域，各尽责任，勿以无安扞[①]而自惊，勿以有勋劳而自足，勿攘夺私利而操同室干戈，勿把持财产而蹙[②]中央之命，勿遗同志之耻，勿动全国之愤。倘能共体此意，广行劝告，互相譬谕，俾我军人皆能为民保障，为国干城，庶几东西南北各省，满蒙回藏各族，民业从此无惊，国基从此永固。雄飞纪念，峙立环球，惟我军人实利赖焉。凡兹军人之利害，即系民国之安危兴亡，不禁涕泣陈辞，愿我军人反复注意。此令。即希转饬为盼。[1]

【注释】

①扦（qiān）：插。

②蹙（cù）：逼迫，追逼。

【评述】

民国始建，百事俱兴，社会秩序有待恢复组建，社会风尚还需逐步养成。军校将士，重任在肩，当不辱使命。黄兴督导各司其职，安民兴邦。

同德一心，巩固邦基

【原文】

照得军人以爱国为唯一宗旨，不容有党派分歧。我中华建设民国，实赖军人捐摩顶踵，成此肤功①，义闻宣昭，环球动色。惟是民国初建，奸宄犹多。凡我军人，应尽之义务，即在同德一心，共谋邦基巩固。自不应于军人名义之外，别树党派，以自乱其宗旨。乃查近来宁省军人中，颇多树党之事，或假名发起，或秘密联合。在明敏者，固不为其所摇；在愚弱者，辄不免受其骗。此种行为，殊非正当。亟应一律严禁。凡曾经取有入党票布及旗帜

〔1〕《黄兴集》第一册，《致各省都督等电（1912年3月15日）》，第253—254页。

者，均准其从速呈缴该营长官或自行销毁，即日解散，不究既往。自谕之后，倘军人等再有结党情事，一经查出，本留守为统一军心、维持治安起见，惟有执法从事，以肃纪律，而儆效尤。

除通饬各军官随时查禁外，为此谕仰该军人等，一体遵照毋违。切切。[1]

【注释】

①肤功：亦作“肤公”。大功。《诗·小雅·六月》：“薄伐猃狁，以奏肤公。”《毛传》：“肤，大；公，功也。”

【评述】

政权初创，稳定军心民心为第一要务，务要反对结党营私，抢夺胜利果实。作为南京留守，应具凝聚作用。黄兴晓谕各方，团结一心，共谋邦基巩固。

合而为一，互进于善

【原文】

原政党之设，所以斟酌国情，列为纲目，以求蒸民①福祉为归，而务切于时用。故党之名虽万，推其用心则一也。事纯于公，则不以恩怨之私，妄为糅杂。是以兄弟之亲，所见不同，虽殊党可也，而未尝贼友爱；仇雠之家，所见契合，虽同党可也，而未尝逞小忿。今之政党，虑有数十，既标斯名，亦洞通其旨矣。抑

〔1〕《黄兴集》第一册，《南京留守示谕（1912年4月中旬）》，第311页。

有进者，救国之术多端，顾因势立言，其大纲即勿能相远。中华之病在穷乏，则立言者皆曰理财；病在无武威，则立言者皆曰简兵而储将；余若兴实业、订官制，苟皆背戾，将无以成其说。独制度所效法，建置有先后，斯异议蜂起。然而是非宜否，既无征验于先，当世又乏知几之哲。议者孰敢曰由我之道，必富强可以立致？亦姑尝试言尔。夫其纲不殊，其目复有讨论之地。故纠集同志，创为斯会，将萃群党之英才，欢叙于一室，如切如磋，如琢如磨。政见无不同者，合之为一；其有异者，相期互进于善。广谦冲②之怀，释矜躁之气，猗欤休哉③！匪直④吾党群伦胥⑤自纳于安轨，惟我民国实利赖之矣。[1]

【注释】

①蒸民：众民，百姓。蒸，同“烝”，众多。

②谦冲：谦虚。

③猗欤休哉：多么美好哇！猗欤，叹词，表示赞美。休，美好。

④匪直：不只，不仅仅。

⑤胥：齐，皆，全。

【评述】

初始易帜，天下未定，政见党见，亟须合而为一。建立商榷会，聚集党派英才，切磋琢磨，统一思想，便于规范言行作风，瞩望前途，实为国民所期待。

---

〔1〕《黄兴集》第一册，《政见商榷会缘起及简章（1912 年 4 月 25 日）》，第 315—317 页。

端正作风，勤政廉政

【原文】

启者：鄙人承乏留守，实因南京军队尚待整理，故暂任斯职。俟办理就绪，即当归田。署内一切设施，概从简约。而怀才欲试之士，近多误会，以致远道频来，荐书盈尺。在诸君殷勤相与，意诚不薄，而鄙人迫于事势，未能一一延请，心实难安。况民国用人行政，务求实际，以前乾修诸名目，理应一律铲除。所有款项均属国帑军需，筹措极难，未便遽以私情移赠旅费。兼以军事纷繁，昕夕靡暇，复书、接见，实未能周，徒使诸君旅馆淹留，益滋愧歉。兹特登报声明，嗣后亲族故旧，非经鄙人函电敦约而来者，恕未能一概招待。谨此奉布，统希谅鉴。[1]

【评述】

新政权要有新作风、新形象，此乃民所企及，至关重要。黄兴布告社会，民国用人行政，务求实际，廉洁从政，勤政为民，不徇私情。此布告公之于众，便于取信于民。

经济财政，安民固邦

【原文】

民国肇兴，政府成立，建设之事，无虑万端，而要以厚民

---

〔1〕《黄兴集》第一册，《南京留守公启（1912 年 4 月 28 日）》，第 318—319 页。

生、强国力为本，则此后所最当研究者，财政问题是也。今之论者，见需款甚巨，而国内经济久已支绌，难于筹措，于是乎一弃其在前清时代所主张之外债拒绝论，而利用其投资，以应吾急。是说也，多数明通之士类能知之，盖诚非得已耳。虽然，兴犹有说焉。

天下之患，常伏于所倚。拒债所以杜外患，而政事不无废弛；借债可以应急需，而国权未免亏损。……

夫国家者，吾人民之国家。与其将来殉债而致亡，无宁此时毁家而纾难。况家未至毁而可以救国不亡，亦何戚而不为？则惟有劝募国民捐，以减少外债之输入乎？[1]

【评述】

民国肇兴，政府初立，建设之事，全在于厚民生、强国力、兴经济、谋财政。经济是基础，政权稳定，端赖于兹。在借贷还是捐助问题上，黄兴致电袁世凯等，大政细端，一一建议，敦促其筹办，为国尽瘁之心，跃然纸上。

附录一：

邹容的革命廉政观

【人物简介】

邹容（1885—1905），中国民主革命家。四川巴县（今重庆）

---

〔1〕《黄兴集》第一册，《致袁世凯等电（1912年4月29日）》，第320—321页。

人。1902 年赴日本留学，投身民主革命。1903 年，以“革命军中马前卒”的名字写成《革命军》一书，旗帜鲜明、通俗易懂地回答了中国民主革命的基本问题，特别是提出了“中华共和国”二十五政纲，系统地阐发了孙中山“建立民国”的设想。章太炎作序发表，誉为“义师先声”，并在《苏报》刊文介绍，影响甚大。1903 年，章太炎因“苏报案”被捕，邹容慷慨入狱。1905 年 4 月 3 日病逝于上海狱中。辛亥革命成功以后，孙中山追赠邹容为“陆军大将军”。

革命者，去腐败而存良善者也

【原文】

革命者，天演之公例也；革命者，世界之公理也；革命者，争存争亡过渡时代之要义也；革命者，顺乎天而应乎人者也；革命者，去腐败而存良善者也；革命者，由野蛮而进文明者也；革命者，除奴隶而为主人者也。……

革命者，国民之天职也；其根底源于国民，因于国民，而非一二人所得而私有也。今试问吾侪①何为而革命？必有障碍吾国民天赋权利之恶魔焉，吾侪得而扫除之，以复我天赋之权利。是则革命者、除祸害而求幸福者也。……

革命必先去奴隶之根性。[1]

〔1〕《革命军》，1903 年 5 月由上海大同书局印行。作者当时署名“革命军中马前卒”。章太炎的名著《驳康有为论革命书》同时出版，以后曾合在一起刊行，称为《革命合刊》。引文见《革命军》，邹容著，华夏出版社 2002 年版，第 1、14、20 页。

【注释】

①侪（chái）：同辈，同类的人。

【评述】

以清朝政府为代表的封建专制制度逐步走向腐败深渊，难以承担其时代任务。洋务运动、戊戌变法、清末新政一一挫败，通过革命推翻清政府，拯救中华民族，赶超时代潮流，乃势所必然。

附录二：

陈天华的国民性革命思想

【人物简介】

陈天华（1875—1905），中国近代民主革命者。湖南新化人。1898 年考入新化实学堂，深受维新思想影响，成为变法运动的拥护者。1903 年留学日本东京弘文学院，积极参与组织拒俄义勇队，与黄兴等从事反清革命活动，“日作书报以警世”。先后撰写《猛回头》和《警世钟》两书，揭露帝国主义列强侵略中国和清廷卖国投降的种种罪行，影响甚大。次年回国，参与组织华兴会，与黄兴等密谋准备在长沙起义，事泄未成，又被迫流亡日本，入东京法政大学，其间结识孙中山。1905 年，参加发起同盟会，在书记部工作，任会章起草员，又任同盟会机关报《民报》编辑。1905 年 12 月，在东京参加抗议日本政府《清国留学生取缔规则》的斗争，决心以死来激励国人。12 月 8 日，在横滨海湾投海自尽，留下绝命书，鼓励同志誓死救国。2008 年 1 月，湖南人民出版社出版《陈天华集》。

造新国民，兴新文明

【原文】

……中国的人最可耻的，是不晓得国家与身家有密切的关系，以为国是国，我是我，国家有难，与我何干？只要我的身家可保，管什么国家好不好。不知身家都在国家之内，国家不保，身家怎么能保呢？

……做官的只晓得贪财爱宝，带兵的只晓得贪生怕死，读书的只晓得想科名，其余一切的事都不管。上中下三等的人，天良丧尽，廉耻全无，一点知识没开，一点学问没有，迂腐固陋，信鬼信怪，男吸洋烟，女缠双足，游民成群，盗贼遍野，居处好似畜圈，行为犹如蛮人。言语无信，爱钱如命，所到之国，都骂为野蛮贱种，不准上岸，不准停留。国家被外国欺凌到极处，还是不知不觉，不知耻辱，只知自私自利。瓜分到了目前，依然欢喜歌舞。做农做工做商的，只死守着那古法，不知自出新奇，与外国竞争。无耻的人，倒要借外国人的势力欺压本国，随便什么国来，都可做他的奴隶。一国的人，都把武艺看得极轻（俗语“好铁不打钉，好汉不当兵”），全不以兵事为意，外兵来了，只有束手待毙。其余各项的丑处，一言难尽，丑不可言。大家若不从此另换心肠，痛加改悔，恐怕不要洋人来灭，也要自己灭种了。[1]

---

〔1〕 刘晴波、彭国兴编：《陈天华集·警世钟》，湖南人民出版社2008年1月第1版，第74、77页。

【评述】

陈天华倡言革命，为此，他从民权出发，引申出更深刻的文化反省。这种自省触及了国人固有的文化伦理与价值观念，其主要内容便是对中国民众根深蒂固的奴隶性人格的批判。陈天华认为，造成这种人格的原因在于中国几千年的封建专制传统对民众自由意志的压迫，同时也是民众集体无意识传习的结果。他认为，正是这种奴隶性人格的存在，使得国民无法真正地享有权利，也因而无法实现民族国家的救亡，更何言政治清明。显然，这样的民众是不能与有知识、有气力、有公德的外国民众相竞争的。而在此中，陈天华尤其强调了中国民众对公共事务的淡漠。陈天华认识到，革命、救亡的根本在于使国民享有对应的权利，而问题的关键在于造就有学问、有武力、合群、坚韧的近代国民。陈天华显然认识到，只有具备了这样的前提，才能实现政体的转变，而革命能否取得成功，取决于革命者素质的高低。这也意味着，仅仅改变政体而没有培养出高素质的国民，仍将不能建立完善的政治文明。

第十三节　孙中山

【人物简介】

孙中山（1866—1925），名文，字德明，号日新，后改逸仙，在日本从事革命活动时曾化名中山樵。广东香山（今中山市）人。中国近代伟大的民主革命家。

1894 年 11 月组织兴中会，提出“振兴中华”的口号和“驱除鞑虏，恢复中国，创立合众政府”的政治纲领。1905 年 8 月，以兴中会、华兴会等革命团体为基础创建同盟会，被推举为总理，确定“驱除鞑虏，恢复中华，建立民国，平均地权”的资产阶级革命政纲，提出三民主义学说；创办《民报》，宣传革命，同改良派激烈论战。从 1906—1911 年，在国内外发展革命组织，联络华侨、会党和新军，组织多次武装起义，在全国引起巨大震动。1911 年 10 月 10 日，武昌起义爆发，12 月 29 日，被十七省代表推举为中华民国临时大总统，1912 年 1 月 1 日在南京宣誓就职，成立中华民国临时政府。1912 年 2 月 12 日，清朝宣统皇帝（溥仪）被迫宣布退位，结束了两千多年的君主专制制度，建立了资产阶级共和国。同年 3 月 11 日，孙中山颁布《中华民国临时约法》。由于受到帝国主义、封建主义的强大压力与革命党本身的涣散无力，孙中山被迫让位于袁世凯。1912 年 8 月，同盟会改组为国民党，孙中山被推举为理事长。1913 年发动二次革命。1914 年在日本东京组织中华革命党，重举资产阶级革命旗帜，两次发表讨袁宣言。1917 年组织护法战争。1919 年将中华革命党改组为中国国民党。1924 年 1 月召开中国国民党第一次全国代表大会，宣言联俄、联共、扶助农工，把旧三民主义发展成为新三民主义，改组中国国民党成为工人、农民、小资产阶级和民族资产阶级的革命联盟。1925 年 3 月 12 日，孙中山在北京逝世。主要著作有《建国方略》、《建国大纲》、《三民主义》等。其著述多次被结集出版，有中华书局 1981 年出版的十一卷本《孙中山全集》等。

天下皆学，普遍教化

【原文】

远观历代，横览九洲，人才之盛衰，风俗之淳靡，实关教他[化]。教之有道，则人才济济，风俗丕丕，而国以强；否则返[反] 此。[1]

【评述】

一个民族的自强自立能力、政治治理水平、文明程度都与它们的现代教育、文化水准有着直接的正对应关系。孙中山倡导发展教育，普遍开发人力资源，使人人都得到教育，社会得到普遍教化。只有这样，社会风俗、政治治理才会优化。

人尽其才，百事俱兴

【原文】

欧洲富强之本，不尽在于船坚炮利、垒固兵强，而在于人能尽其才，地能尽其利，物能尽其用，货能畅其流——此四事者，富强之大经，治国之大本也。我国家欲恢扩宏图，勤求远略，仿行西法以筹自强，而不急于此四者，徒惟坚船利炮之是务，是舍本而图末也。

所谓人能尽其才者，在教养有道，鼓励有方，任使得法也。

---

〔1〕 中国社会科学院近代史研究所等合编：《孙中山全集》第一卷，《致郑藻如书（1890年）》，中华书局1981年8月第1版、2006年11月第2版（下同），第2页。

……故教养有道，则天无枉生之才；鼓励以方，则野无郁抑之士；任使得法，则朝无幸①进之徒。斯三者不失其序，则人能尽其才矣；人既尽其才，则百事俱举；百事举矣，则富强不足谋也。秉国钧者，盍于此留意哉！[1]

【注释】

①幸：侥幸。

【评述】

孙中山上书李鸿章，系统地表达自己拯救时弊的意见，其中认为首要的是开发国家人力资源，使人人得到教育，能够成才，使各种人才能尽其用。孙中山在这方面的分析认识和见解是深刻的。

官吏贪污，社会必腐

【原文】

人们都承认中国的现况和未来的情势，是很难令人满意的。但是我敢于设想，欧洲人并没有充分认识到腐败势力所造成的中国在国际间的耻辱和危险的程度，也没有认识到中国潜在的恢复力量和她的自力更生的各种可能性。

……

中国人民遭到四种巨大的长久的苦难：饥荒、水患、疫病、

〔1〕《孙中山全集》第一卷，《上李鸿章书（1894年6月）》，第8、10页。

生命和财产的毫无保障。这已经是常识中的事了。说到这些困难，就是前三种，在很大的程度上都是完全可以预防的，即是就产生苦难说，它们本身也只是些次要的原因，这一点还有许多人不很清楚。其实，中国所有一切的灾难只有一个原因，那就是普遍的又是有系统的贪污。这种贪污是产生饥荒、水灾、疫病的主要原因，同时也是武装盗匪常年猖獗的主要原因。

……

这样就证明了，用输入物质文明的方法不能改良中国，只有用根绝官吏贪污的办法才行。这种官吏贪污，越来越坏，十年以前被认为骇人听闻的事，目前是十分平常。[1]

【评述】

孙中山有理有据地论证了一个道理，这就是如果一个国家的官员队伍专以敛财为志，贪污腐化，整个社会就会问题成堆，并且不能解决，很快就走到山穷水尽的地步。因此，只有政治革命兼行社会革命一途，才可以救时下的中国。

三民主义，缮群之道

【原文】

夫缮群①之道，与群俱进，而择别取舍，惟其最宜。此群之历史既与彼群殊，则所以掖而进之之阶级，不无后先进止之别。由之不贰，此所以为舆论之母也。

---

〔1〕《孙中山全集》第一卷，《中国的现在和未来（1897 年 3 月 1 日）》，第 87—88、89、105 页。

余维欧美之进化，凡以三大主义：曰民族，曰民权，曰民生。……

今者中国以千年专制之毒而不解，异种残之，外邦逼之，民族主义、民权主义殆不可以须臾缓。……吾国治民生主义者，发达最先，睹其祸害于未萌，诚可举政治革命、社会革命毕其功于一役。还视欧美，彼且瞠乎后也。

翳②我祖国，以最大之民族，聪明强力，超绝等伦，而沉梦不起，万事堕坏；幸为风潮所激，醒其渴睡，旦夕之间，奋发振强，励精不已，则半事倍功，良非夸嫚③。惟夫一群之中，有少数最良之心理能策其群而进之，使最宜之治法适应于吾群，吾群之进步适应于世界，此先知先觉之天职，而吾《民报》所为作也。抑非常革新之学说，其理想输灌于人心而化为常识，则其去实行也近。吾于《民报》之出世觇之。[1]

【注释】

①缮群：组织群众，团结群众。缮，修补，整治。

②翳（yì）：发语词，无实义。

③夸嫚：以大话相欺。

【评述】

孙中山以三民主义作为救中国的革命旗帜。中国之弊，形于外患，质于内腐。根本制度已经腐败了，其关键是颠倒了人民大众在社会上的主人翁地位。时代需要唤醒民众，革命纲领当然要

〔1〕《孙中山全集》第一卷，《〈民报〉发刊词（1905年10月20日）》，第一册，第288、289页。

基于民众，三大主义皆基本于民。

五权宪法，权力制衡

【原文】

《民报》发刊以来已经一年，所讲的是三大主义：第一是民族主义，第二是民权主义，第三是民生主义。

……兄弟历观各国的宪法，有文宪法是美国最好，无文宪法是英国最好。英是不能学的，美是不必学的。英的宪法所谓三权分立，行政权、立法权、裁判权各不相统，这是从六七百年前由渐而生，成了习惯，但界限还没有清楚。后来法国孟德斯鸠将英国制度作为根本，参合自己的理想，成为一家之学。美国宪法又将孟氏学说作为根本，把那三权界限更分得清楚，在一百年前算是最完美的了。一百二十年以来，虽数次修改，那大体仍然是未变的。但是这百余年间，美国文明日日进步，土地财产也是增加不已，当时的宪法现在已经是不适用的了。兄弟的意思，将来中华民国的宪法是要创一种新主义，叫做“五权分立”。

那五权除刚才所说三权之外，尚有两权。一是考选权。平等自由原是国民的权利，但官吏却是国民公仆。美国官吏有由选举得来的，有由委任得来的。从前本无考试的制度，所以无论是选举、是委任，皆有狠大的流弊。就选举上说，那些略有口才的人，便去巴结国民，运动选举；那些学问思想高尚的人，反都因讷[①]于口才，没有人去物色他。所以美国代表院中，往往有愚蠢无知的人夹杂在内，那历史实在可笑。就委任上说，凡是委任官都是跟着大统领进退。美国共和党、民主党向来是迭相兴废，遇着换了大统领，由内阁至邮政局长不下六七万人，同时俱换。所以美国政治腐败散漫，是各国所没有的。这样看来，都是考选制度不发达的原故。考选本是中国始创的，可惜那制度不好，却被外国学去，改良之后成了美制。英国首先仿行考选制度，美国也渐取法，大凡下级官吏，必要考试合格，方得委任。自从行了此制，美国政治方有起色。但是他只能用于下级官吏，并且考选之权仍然在行政部之下，虽少有补救，也是不完全的。所以将来中华民国宪法，必要设独立机关，专掌考选权。大小官吏必须考试，定了他的资格，无论那官吏是由选举的抑或由委任的，必须合格之人，方得有效。这法可以除却盲从滥举及任用私人的流弊。中国向来铨选，最重资格，这本是美意，但是在君主专制国中，黜陟[②]人才悉凭君主一人的喜怒，所以虽讲资格，也是虚文。至于社会共和的政体，这资格的法子正是合用。因为那官吏不是君主的私人，是国民的公仆，必须十分称职，方可任用。但是这考选权如果属于行政部，那权限未免太广，流弊反多，所以必须成了独立机关才得妥当。

一为纠察权，专管监督弹劾的事。这机关是无论何国皆必有的，其理为人所易晓。但是中华民国宪法，这机关定要独立。中国从古以来，本有御史台主持风宪，然亦不过君主的奴仆，没有中用的道理。就是现在立宪各国，没有不是立法机关兼有监督的权限，那权限虽然有强有弱，总是不能独立，因此生出无数弊病。比方美国纠察权归议院掌握，往往擅用此权，挟制行政机关，使他不得不俯首总命，因此常常成为议院专制；除非有雄才大略的大总统，如林肯、麦坚尼[③]、罗斯威[④]，才能达行政独立之目的。况且照正理上说，裁判人民的机关已经独立，裁判官吏的机关却仍在别的机关之下，这也是论理上说不去的，故此这机关也要独立。

合上四权，共成为五权分立。这不但是各国制度上所未有，便是学说上也不多见，可谓破天荒的政体。兄弟如今发明这基础，至于那详细的条理、完全的结构，要望大众同志尽力研究，匡所不逮，以成将来中华民国的宪法。这便是民族的国家、国民的国家、社会的国家皆得完全无缺的治理。这是我汉族四万万人最大的幸福了。想诸君必肯担任，共成此举，是兄弟所最希望的。[1]

【注释】

①讷：语言迟钝。

②黜陟：指人才的进退，官吏的升降。

③麦坚尼：W. Mckinley，今译麦金莱。

④罗斯威：T. Roosevelt，今译罗斯福。

【评述】

孙中山于1906年12月2日《民报》发刊一周年纪念集会演讲阐释“三民主义”时，首次阐发五权宪政构想。将考试权、监察权与立法、司法、行政三权并立，既体现了对中国传统的扬弃，又借鉴了时代先进政治思想。这种以权力制衡为核心的政治体制架构，是孙中山探索廉政建设的最大成果。

〔1〕《孙中山全集》第一卷，《在东京〈民报〉创刊周年庆祝大会上的演说（1906年12月2日）》，第324、329页。

政党竞选，光明正大

【原文】

中华民国乃由革命发生，本党乃由多数革命党组织而成。吾等从前既历尽艰难，造成此中华民国，今国家之基础未定，仍宜以从前革命之精神，谋巩固中华民国之道。如此则对于已死之诸同志，始无愧色，亦不使一般国民失希望也。今后吾国前途一切之希望，本党宜一肩荷之。本党此次并未出种种运动手段，而获国民之同情，更宜自勉，勿负国民之希望。今欲巩固本党基础，以巩固中华民国基础，较之革命之事甚易。今日本党既能自由行动，又占优胜地位，更易为力。愿人人鼓勇向前，不可放弃责任。若有不正当之党争，与党员不正当之行为，贻误国事，即为放弃责任。今日国民责望本党之殷，即他党亦生戒备。要之，本党一切行为无不出以正当，则他党从此亦不敢再出卑劣手段。颇闻他党有以金钱运动选举等事，本党党员，万不可学。

本党其先颇作悲观，今他党转归失败。本党始终以光明正大之手段出之，则他党此后亦不敢再用卑劣手段矣，如此则本党将为政党之标准。勉哉诸君，愿共肩此艰巨。[1]

【评述】

政党竞选、政党政治是近代西方政治生活的普遍现象，对当时的中国来说则是新生事物。其间若夹杂贿选、拉票等卑劣手段

---

〔1〕《孙中山全集》第三卷，《在上海国民党茶话会的演说（1913年1月19日）》，第6页。

和现象，则是政治腐败的表现，有损政治文明建设。作为中国革命的先行者和政治家，孙中山告诫国民党要旗帜鲜明，光明磊落，这对于防止仅仅图谋权力，不惜倒行逆施，是难能可贵的忠告。

发扬优良传统，推动政治进步

【原文】

今日创造中国、创造宪法，责任在诸君身上，其责任厥有两端：（一）须知我们为二十世纪的人类；（二）所产宪法，当驾乎欧美各国以上，非复十八世纪之陈腐不堪。借以表示我中华民国为文明开化最早之国也，我国历史上良法美意亦至夥。……

又我国历史本素注意政治，所谓正心、修身、齐家、治国、平天下，屡言于数千年前，是吾人政治经验，应算宏且富矣。不徒一般毕业于外洋者，得有博士、学士诸学位者，尝以为未曾学过，而不细为研究，亦殊可惜。今吾对于宪法所主张曰五权，人皆（以）为我所发明，其实系中国良好之旧法。所谓五权者，除立法、司法、行政外，一为考试权，一为弹劾权。查我国对此两权流传极久，虽皇帝亦不能干涉者。往年罢废科举，未免因噎废食。其实考试之法极良，不过当日考试之材料不良也。至弹劾权，在历史上能弹劾皇帝，其权限虽仅限于皇帝，然此制度实世界所未有，故中国实为世界进化最早之第一国。徒知外国有三权，而外人则固视中国为民权发达最早，尝摹仿吾国之办法矣。中国虽乞丐之子，凭考试取功名，实平等已极。此外人深以为然，奈何我国人不自知耶？故甚望保存此良法，而勿忘记中国自己之良法也。吾国五权既不自知，即提倡革命人，往日亦尝谓不知革命何年成功，乃不事研究及此。今民国已成立七年矣，所望速日产生完全优美之宪法，驾于欧美以上，作成一中西合璧的中国，表示我国宪法为二十世纪以后之法，且表示中国人之中国为最早开化之国，将见各国效我国之成规，抄袭我国之宪法，此兄弟所馨香盼祷于诸君者。[1]

【评述】

西方资产阶级的民主政治在当时世界范围内是最先进的，应当学习借鉴。但是，学习西方并不意味着要数典忘祖、照搬照抄，而是要立足国情，有所创新。中国古代有注重德治的传统以及在官员举劾等方面丰富的政治经验，当结合时代变迁予以继承发扬。在当时，五权宪法是中西方政治文化结合的结晶，是当时新成就。

彻底革命，改造中国

【原文】

为什么要改造呢？因现在中国政治非常腐败。至于改造方法应从何处着手，有人说，教育是立国的要素。但我们若致力于教育事业，一般官吏非特不能提倡，且必来设法摧残。假使我们培养一个青年，费巨额金钱，俾受一种完全教育，官吏有时竟因嫉视新人物的心理，置诸死地。

又有人说，兴办实业，救多数人生计的困厄。奈官吏非特不能提倡奖励，且对于较大之公司或开矿事业等，必先得多数贿金，

〔1〕《孙中山全集》第四卷，《宴请国会及省议会议员时的演说（1918 年 2 月 7 日）》，第 331、332 页。

才许给照开办。辛亥以后，多数华侨热心回国经营实业，因官吏索贿过重，致中途灰心。从这点看，从实业上改造起，也是没有希望的。

又有人说，立国根本在人民先有自治能力，所以地方自治为最重要之一事，现应从一乡一区推而至于一县一省一国，国家才有希望。但现在官僚，何尝愿意人民有自治的能力？大家只须看各地方自治经费统被他们挥霍尽净，致自治不能举办。

以上三种，固是改造中国的要件，但还不能认为第一步的方法。第一步的方法是什么？在兄弟的意思，只有革命。革命两字，有许多人听了，觉得可怕的。但革命的意思，与改造是完全一样的。先有了一种建设的计划，然后去做破坏的事，这就是革命的意义。譬如我们要建筑一新屋，须先将旧有的结构拆卸干净，并且锹地底，打起地基，才能建筑坚固的屋宇。不这样办去，便是古代的建筑方法，不适用于今日。八年以来的中华民国，政治不良到这个地位，余［实］因单破坏地面，没有掘起地底陈土的缘故。地底的陈土是什么？便是前清遗毒的官僚。

中国国家腐败到这点，是不是革命的罪恶？不是的。革命破坏满清政府以后，一般人民每訾谓只有破坏的能力，没有建设的经验，所以一般议论都希望官僚执政。如袁世凯时代，几乎大家说非袁不可。革命党自审中华民国主权属于国民全体，既舆论说非袁不可，只好相率下野，将政权交与官僚。八年来造成官僚与武人政治的原因，就在这一点。

现在国内的政治，比较满清的政治进步也没有？依兄弟看来，满清的政治犹稍愈于今日，一般人民在满清政府下，比今日尚觉自由。如现政府的滥捕滥杀良民，在满清政治专制时代还没有发见。如现武人官僚的贪婪，亦较满清时代为甚。兄弟记得清代某粤督于一年内搜刮得一百多万，人已诧为奇事；由今日看来，象督军、师长等有一年发财到数百万的，有数年发财到千余万的，方见贪婪的风气比前清倍蓰①了。我们因满清政治不良，所以要革命；但革命的结果，所呈的现象比满清尤坏。这个原因，不是革命党的罪，是前清遗毒——武人与官僚的罪。

我们既经要改造中国，须造成一灿烂庄严的中华民国。象工师建筑伟大房屋一般，须用新的方法去建筑。新方法的建筑，便是上层越高，打地基须越深，所挖出的陈土须远远搬开。这陈土便是旧官僚。

满清时的武人，是受文官节制的，就是一个提督，他也不敢侵犯州县官的职权。如武官有不法行为，满清亦能照律严办。试问现在的北京政府，有这样的魄力么？依兄弟看来，要免一个师长、旅长的职还不敢呢！所以要改造中国，武人便是陈土的一种。

前清时代的土豪，包揽词讼，鱼肉乡里，还不敢公然出头。现在的政客，居然白昼现形，挑拨武人，扰乱国政。武人所有种种的不法行为，都由政客养成。因武人的脑筋是狠简单，作恶的方法还不能设想周到。试看北张南陆②，他们本来是个草包，经政客教唆，才发明种种捣乱方法。所以政客便也是陈土的一种。

照这样看，要建筑灿烂庄严的民国，须先搬去这三种的陈土，才能立起坚固的基础来。这便是改造中国的第一步。兄弟狠希望到会诸君，大家要怀抱这精神去改造新中华民国。[1]

〔1〕《孙中山全集》第五卷，《在上海青年会的演说（1919年10月8日）》，第124—126页。

【注释】

①倍蓰（xǐ）：数倍。倍，一倍；蓰，五倍。

②北张南陆：指张作霖和陆荣廷。

【评述】

从1840年后，教育救国、实业救国、地方自治等方案相继纷呈，目的都是挽救民族危亡，但是，都没有走向成功，根本原因在于清朝封建专制统治已经腐败透顶。不解决政权问题，什么革新方案都难以真正实施。用革命的手段推翻清朝政府的腐朽统治，荡涤其污浊余孽，是赢得中国发展进步的前提，所以，彻底革命成为当时彻底革新中国的前提。

要立心做大事，不要立心做大官

【原文】

诸君须知党事为革命源起事业，革命未成功时要以党为生命，成功后仍绝对用党来维持。所以办党比无论何事都要重要。我常劝人要立心做大事，不要立心做大官。……

现在办事要义：第一、须知党事为重，遇事就要办理，万不可稍有延滞，因为光阴比什么都贵。一件事早一刻办，就早一刻收效果。第二、形式与精神并重，形式完备后，才能振起精神。如海外保皇党，何以至今还尚存在，因为他还有一点形式之故。第三、我们以后要注意培养人才与延揽人才，将来种种事业，非有多数的人才莫可。前此所计划之大印刷所及英文报，事在必举，总以能早一日办起为好。

诸君一同办事，尽可于每礼拜集议，将本部事务共同研究。本党前途发展全在诸君身上，我对于诸君很有无穷的希望，愿与诸君共勉之！[1]

【评述】

参与政务活动是为了做事还是为了做官，这两种价值观、权力观直接影响能否勤政廉政。以做官为目的，必定以谋私利为出发点，为所欲为，最后成为腐败官吏。只有以做事为本，才能把握原则，遵守规章，勤勉劳动，服务群众。

用本党主义治国

【原文】

本总理向来主张以党治国。以党治国的这一说，是什么意思呢？是不是所有的党员都要做官，才算是治国呢？如果党员的存心都以为要用党人做官，才算是以党治国，那种思想便是大错。……如果说要党员做官才算是以党治国，那么，本党的党员现在有三十多万，广东的知县只有九十多个，其余的大官更是很少，用这样少的官怎么能够分配到这样多的党员呢！所谓以党治国，并不是要党员都做官，然后中国才可以治；是要本党的主义实行，全国人都遵守本党的主义，中国然后才可以治。简而言之，以党治国并不是用本党的党员治国，是用本党的主义治国，诸君要辨别得很清楚。至于本党党员若是确为人才，能胜大任的，自当优

---

〔1〕《孙中山全集》第五卷，《在上海中国国民党本部的演说（1920 年 5 月 16 日）》，第 263 页。

先任用，以便实行本党的主义。倘若有一件事发生，在一个时机或者一个地方，于本党中求不出相当人才，自非借才于党外不可。

……

我们国民党就是革命党。革命的方法，有军事的奋斗，有宣传的奋斗。军事的奋斗，是推翻不良的政府，赶走一般军阀官僚；宣传的奋斗，是改变不良的社会，感化人群。要消灭那一般军阀，军事的奋斗固然是很重要；但是改造国家，还要根本上自人民的心理改造起，所以感化人群的奋斗更是重要。因为这个原因，诸君从今以后，便要尽力去宣传，介绍国人加入本党。在一年之中，不要做很多的事，只要一个人感化十个人，介绍十个人入党。我想一个人介绍十个人，不是难事。再过一年二年以后，便是以十传百，百传千，推广到全国，那就是全国的人心完全被本党所感化。到了全国的人心都归化于本党，就是本党的革命大告成功。〔1〕

【评述】

以党治国不是派党员到群众中做官，而是通过党员的努力工作，贯彻党的主张，带动群众践行党的主义。党员因此要养成高尚的人格，成为群众的表率和模范；要宣传党的精神，使群众明白和执行党的纲领；要有牺牲精神，为真理、正义和群众的事业献身。通过党员的工作示范和带动作用，感化民众的人心，直至全国的人心都归化于本党，就完成了以党治国的使命。孙中山劝诫党员放弃做官思想，保持做事作风。

---

〔1〕《孙中山全集》第八卷，《在广州中国国民党恳亲大会的演说（1923 年 10 月 15 日）》，第 281—282、286 页。

主义坚定，革命成功

【原文】

然从今日现象考察：吾党党员中热心的人出而握军权，未尝无人；但谋私利者亦假称热心，争握军权。不知军队是拚命杀人的事业。今之手握一万数千兵者，以利结合，鲜有以主义感化其部下者。就现在情形观之，凡兵士临阵，有赏则能克敌破城，无之则不能。或有不赏亦打仗者，则因地盘苦瘠，须占领较富裕的地盘而已。可知军队奋斗，系为升官发财起见，非如昔日党员专为主义的奋斗也。故欲靠今日之军队单独以达革命之成功，则希望甚微；必定将现在将士升官发财、自私自利的思想化除，引他到远大的志愿，乃能有望。故党员今日第一级工夫，要先设法感化在西南政府旗下的军队，完全变为革命党员，一致为三民主义牺牲，而不为升官发财而牺牲。如此，则军队、党员便可成互助之奋斗，而革命之成功指日可期矣。[1]

【评述】

革命党和军队的力量源于贯彻主义、实现主义。如果舍弃了这个根本，专以营私谋官为目的，就会断送主义，断送革命。

---

〔1〕《孙中山全集》第八卷，《在广州大本营对国民党员的演说（1923 年 12 月 9 日）》，第 502 页。

立志报国，专心做事

【原文】

诸君现在受教育的时候，预想将来学成之后，有一种贡献到社会上，究竟应该做些什么事呢？诸君现在还未毕业，知识不大发达，学问没有成就，自然不能责备诸君，一定要做些什么事，但是在没有做事之先，应该有什么预备呢？应该要注意些什么事呢？依我看来，在这个时期之内，第一件是要立志。立志是读书人最要紧的一件事。中国人读书的思想，都以为士为四民之首，比农、工、商贾几种人都要高一些。二三十年以前的学生，他们有一种立志，就是在闭户自读的时候，总想入学、中举、点翰林，以后还要做大官。我今天希望诸君的，不是那种旧思想的立志，是比那入学、中举、点翰林、做大官的志还要更大。中国几千年以来，有志的人本不少，但是他们那种立志的旧思想，专注重发达个人，为个人谋幸福，和近代的思想大不相合。近代人类立志的思想，是注重发达人群，为大家谋幸福，用事实说，我们中国青年应该有的志愿，是在什么地方呢？是要把中华民国重新建设起来，让将来民国的文明，和各国并驾齐驱。我们现在的文明，都是从外国输入进来的，全靠外人提倡，这是几千年以来从古没有的大耻辱。如果我们立志，改良国家，万众一心，协力奋斗做去，还是可以追踪欧美。若是不然，中国便事事落在人尾，永远不能自己发达，永远没有进步。推其极端，中国便非沦于灭亡不可。所以现在的青年，便应该以国家为己任，把建设将来社会事业的责任担负起来。这种志愿究竟是如何立法呢？我读古今中外的历史，知道世界极有名的人，不全是从政治事业一方面做成功的；有在政权上一时极有势力的人，后来并不知名的；有极知名的人，完全是在政治范围之外的。简单的说，古今人物之名望的高大，不是在他所做的官大，是在他所做的事业成功。如果一件事业能够成功，便能够享大名。所以我劝诸君立志，是要做大事，不可要做大官。

什么是叫做大事呢？大概的说，无论那一件事，只要从头至尾，彻底做成功，便是大事。……至于学生立志，注重之点，万不可想要达到什么地位，必须要想做成一件什么事。因为地位是关系于个人的。达到了什么地位，只能为个人谋幸福。事业是关系于群众的，做成了什么事，便能为大家谋幸福。近代人类的思想，是注重谋大家的幸福，我从前已经说过了。大家又知道，许多做大事成功的人，不尽是在学校读过了书的，也有向来没有进过学校，能够做成大事业的。不过那种人是天生的长处。普通人要所做的事不错，必要取法古人的长处才好。所以我们要进学校读书，取古今中外人的知识才学，来帮助我做一件大事，然后那件大事，便容易成功。

……

怎么样去图国家的富强？我们要图国家富强，必须要自己振作精神，大家团结起来，公同向前去奋斗。万不可自私自利，只知道要自己到什么地位，不知道国家到什么地位。我们有了这项志气，便是国民志气。……

诸君今天欢迎我来演讲，我贡献诸君的，就是要诸君立志，要有国民的大志气，专心做一件事，帮助国家变成富强。这个要中国富强的事务，就是诸君的责任；要诸君担负这个责任，便是我的希望。[1]

【评述】

青年学生是精英，是未来。他们的价值观、人生观的确立及正确与否，关系到国家兴亡。孙中山教导学生胸怀国家，立志为群众谋幸福，而不能萦怀于做官为宦。立了国民大志气，国家才能富强，民族才能复兴。

舍身取义，为国牺牲

【原文】

现在我还要同革命党来讲几句话。大家知道，中华民国是革命党牺牲流血，推翻满洲才来造成的。现在这个革命事业，是被官僚、武人破坏了，所以革命建设不能彻底成功，所以我们革命党，在中国还要担负很重的责任。现在头一个地步，就是要把我们革命党的三民主义，来宣传到一般的国民能知道。第二个责任，我们的革命党还要学从前革命先烈这个样，来牺牲性命，要舍身来救国，要为中国前途来奋斗，要把自己的力量，要来努力进行，学从前真革命先烈这个样，不好学革命成功后的这个假革命党，借革命来图一个人的私利，借革命这条路来做终南捷径，来升官发财。自从革命成功后，这个假革命党充满全国，来冒革命之名，所以把革命的成绩都破坏了，往往令国民不知道革命党是做什么事。所以国民看到现在这种假革命党，以为这种就是革命的人才。

〔1〕《孙中山全集》第八卷，《在广州岭南学生欢迎会的演说（1923年12月21日）》，第534、535、536—537、540、542页。

我们真革命党，现在要担一种很大的责任，就是要彻底，要把这种假革命党来排除。我们对于国民，要表示我们的一种道德，一种革命的精神，令国民大家知道真革命党是为国牺牲的，是来成仁取义的，是舍性命来救国的。只要把奋斗精神来感动国民，令国民知道是非，知道真假，知道真革命党是真心为国家的，令一般国民跟我们来革命，中国才有救呢！[1]

【评述】

革命事业依靠党员宣传贯彻党的主义，宣传组织群众，感动群众一起为革命事业奋斗。所以，革命事业的进展要靠党员辛勤的工作去推动，不谋事只想做官，不是真党员，扩而大之，只能断送革命。

为国尽瘁，不治家产

【原文】

家事遗嘱

(1925 年 3 月 11 日)

余因尽瘁国事，不治家产。其所遗之书籍、衣物、住宅等，一切均付吾妻宋庆龄，以为纪念。余之儿女已长成，能自立，望各自爱，以继余志。此嘱。[2]

---

〔1〕《孙中山全集》第十卷，《应上海《〈中国晚报〉所作的留声演说·第四片（1924 年 5 月 30 日）》，第 238—239 页。

〔2〕《孙中山全集》第十一卷，《家事遗嘱（1925 年 3 月 11 日）》，第 640 页。

【评述】

作为革命先行者，孙中山一生清贫，了无积蓄。即使上述遗嘱中的上海莫利爱路（今香山路）住宅，也是华侨凑钱给他置办的。“不名分文，心忧天下”，彰显革命领袖“天下为公”的大家风范。

参考文献：

《龚自珍全集》，中华书局1959年版。
《林则徐集》，中华书局1963年版。
《魏源集》，中华书局2009年版。
《太平天国印书》，江苏人民出版社1961年版。
《太平天国文书汇编》，中华书局1979年版。
《曾国藩全集》，岳麓书社1995年版。
《左宗棠全集》，岳麓书社2009年版。
《张之洞全集》，河北人民出版社1998年版。
《康有为政论集》，中华书局1998年版。
《梁启超文集》，北京燕山出版社2009年版。
《严复集》，中华书局1986年版。
《章太炎全集》，上海人民出版社1985年版。
《黄兴集》，湖南人民出版社2008年版。
《革命军》，华夏出版社2002年版。
《陈天华集》，湖南人民出版社2008年版。
《孙中山全集》，中华书局2006年版。

本章执笔：陈　锋

图书在版编目（CIP）数据

中国廉政史鉴. 思想理论卷 / 李洪峰主编. —北京:

文化艺术出版社, 2012.8

ISBN 978-7-5039-4771-1

Ⅰ. ①中… Ⅱ. ①李… Ⅲ. ①廉政建设—历史—中国

②廉政建设—政治思想史—中国 Ⅳ. ①D691.49

中国版本图书馆CIP数据核字（2012）第174051号

中国廉政史鉴（思想理论卷）

主　　编　李洪峰

特约编审　张圣洁

责任编辑　斯　日　程晓红　潘　艳

装帧设计　王子原　刘玲子

出版发行　文化艺术出版社　国家图书馆出版社

地　　址　北京市东城区东四八条52号　100700

网　　址　www.whyscbs.com

电子邮箱　whysbooks@263.net

电　　话　（010）64813345　64813346（总编室）

　　　　　（010）64813384　64813385（发行部）

经　　销　新华书店

印　　刷　国英印务有限公司

版　　次　2012年8月第1版

　　　　　2012年8月第1次印刷

开　　本　787×1092毫米　1/16

印　　张　353

字　　数　4000千字

书　　号　ISBN 978-7-5039-4771-1

定　　价　2880.00元（共三卷十六册）